外資系企業で働く

人事から見た
日本企業との違いと
生き抜く知恵

鈴木孝嗣 著

労働新聞社

はじめに

この本の狙い

　筆者はやぎ座生まれの勤務社労士である（この本に出てくるやぎのイラストは筆者の分身である）。日本の伝統的な大企業と外資系企業で人事を担当し、両者の共通点と相違点を肌で感じる経験をした。

　日本が高度成長期の真っただ中にあった1960年代から70年代、伝統的な日本企業には寝食を忘れて仕事に没頭する「会社人間」がいた。仕事さえしっかりやっていれば、会社は成長し、給与は増え、家族の生活は豊かになったから、プライベートな部分を含め会社にすべてを任せる関係が維持されていた。時代は変わり、がむしゃらに働けば成長する時代でなくなったが、日本企業の文化には、まだこの名残があると思われる。

　他方、少数ではあるが、外資系企業に就職し伝統的な日本企業とは異なる労働環境下で生き抜くサラリーマンもいる。少しでも気を抜けば退職勧奨をされかねない緊張状態の中で頑張る彼らの意識は、より自立（自律）的であり、会社に対する意識は日本企業に勤めるサラリーマンよりもドライである。

　この本のテーマとして、外資系企業の人事の運用の実態を日本の大企業と比較し、各々のイメージが目の前に浮かぶようにしてみたいと思う。外資系に行くべきだとか、日本企業のほうが良いとか言うつもりはない。それぞれに良さと課題があり、どちらを選ぶかはその人の好みと人生観次第と考えるからだが、初めて外資系に転職しようとする人には手掛かりになる情報を載せている。

　最後にまとめとして、従業員の目線で見た場合に、

　　会社との関係はどうあるべきなのか？
　　どのようにサラリーマン人生を生き抜いていけば良いのか？

について整理している。これまでの経験から、日本企業でも外資系でも通用するサラリーマンのあるべき姿があると確信し、「新会社人間主義」としてまとめた。

これから就職活動をしようとする学生のみなさんや、今のサラリーマン生活に物足りずに外資への転職を考えている人にこの本を読んでいただきたい。本音で人事を語ったものであるが、聞こえの良い話ばかり仕入れるだけでなく、たまにはこんな本も読んで、職業人生を俯瞰してみるのも良かろう。

ブログ用に書きためていたものなので、どの章や節から読んでも話の筋は見えるはずである。興味のありそうなトピックだけ拾い読みしてもらってもかまわない。

始発電車と終身雇用制

郊外から都心まで電車通勤をする場合、混んでいる中で自分の位置を確保しようとするなら、始発電車に乗る手がある。始発電車に乗り込む人は、その駅から乗る人だけだから、最初の間だけでも多少は空いているし、うまくいけば座れることもある。悪くても、吊革につかまる位置は確保できる。しかし、早朝の始発電車に乗る人は都心に通うサラリーマンがほとんどだから、乗ったら最後席を立つ人はまずいない。皆、都心に着くまで同じ位置に立ったまま、あるいは座ったままの状態で運ばれていく。変化はない。

始発以外の電車に乗ると、最初は混んでいるかもしれないが、客の乗り降りが頻繁で座席もたびたび空く。学生や子連れの婦人も乗ってくる。色々と変化がある。

伝統的な日本企業の終身雇用制は、始発電車に争って乗り込んでいく風景に似てはいまいか。

自分の座席を確保するために早くから駅に行って行列に並ぶ努力は、一生の会社と決めて入念に下調べをした上で会社訪問をするのに似ている。乗ったら最後、多少混雑して気分が悪くてもとにかく目的地まで一緒に行ってしまうのは、定年まで勤めあげる日本的雇用慣行に似ている。

　どちらも、将来がある程度予測できる分、安心ではあるが、変化や刺激に乏しく面白みに欠けている点が共通している。始発以外の電車に乗るのは、外資系企業に勤めることに似ている。座席に座れるか否かは運次第でもあるが、変化があって面白い。

　物事は、捉え方や視点によって、良くも悪くも見える。

　「会社」は従業員を搾取するだけの酷いところだと文句を言っているだけでは解決にはならないし、「働きやすい会社ベスト○○」という雑誌の特集記事を見て「理想の会社」があると夢想するのは、「隣の芝生が青く見える」現象と同じである。会社が利潤追求を目的とする以上、従業員にとって気持ちの良いことばかりがあるはずもない。

　読者諸氏が、この本を参考に、しっかりとした軸を持ってこれからの会社生活を送り、ささやかな満足感を持って「会社」という電車を降りる日を迎えることができれば、筆者としてこれ以上の喜びはない。

　2018 年 11 月

鈴木　孝嗣

目　次

はじめに……………………………………………………………… **2**
　この本の狙い／始発電車と終身雇用制

第1章　外資で働く ……………………………………………… **9**

（1）序説 ……………………………………………………… 10
　外資系企業の定義／外資系企業のイメージ／日本企業との違い／
　日本企業との人材の違い／欧州系と米国系の違い
　【コラム】会社から見た人材確保に関する課題

（2）外資への転職 ……………………………………………… 20
　まずは、キャリアの棚卸から／転職エージェントの選び方／人
　生の振り返り／転職前の語学留学・海外留学は役に立つのか？
　／転職回数は何回までOKか？／転職理由が重要（「やりきった
　感」？）／外国人幹部による採用面接の留意点／転職のタイミン
　グ／従業員紹介プログラム（Employee Referral Program）／貢献
　のBreakeven Point／外資で働く上で必須の行動スタイル（Hands
　OnとSpeed）
　【コラム】私の転職活動

（3）報酬・処遇 ……………………………………………… 37
　外資の給与は高いのか？／外資の給与変動は激しいのか？／賃金
　制度／ボーナス（Short Term Incentive）／転職と年収／福利厚生
　【コラム】個室

（4）成長 ……………………………………………………… 48
　人材開発プログラム／サクセッション・プログラム（Succession
　Program）／挫折と成長
　【提言】日本企業と外資系企業の疑似ローテーション

（5）組織・命令系統 ………………………………………… 55
　"Report To"と"Direct Report"／マトリックス組織／親会社と子
　会社／外資系企業の社長／どこまでイエスマンを演じれば良いの
　か（7：3の法則）／ドラマ・クイーン（Drama Queen）／グラ
　ンド・ペアレント・プリンシプル（Grand Parent Principle）
　【コラム】外資系に就職すればグローバルに活躍できるのか？

（6）会社生活 ………………………………………………… 65
　英語／会議での発言／署名（サイン）／オフィスの風景／イベン
　ト（社内行事）／ダイバーシティ（Diversity）／服装規程（Dress

5

Code)／社内イントラネット／電子メール（24時間戦うべきか？）
／ヘッド・カウント（Headcount）と採用凍結（Hiring Freeze）
／外資の仕事はキツイのか？
【コラム】外資系社員にロイヤリティ（忠誠心）はあるのか？

（7）退出 ……………………………………………………… 80
雇用の安定／外資系は簡単に解雇するのか？／定年まで働けるのか？
【コラム】辞めどき

第2章　日本の会社で働く ……………………………… 87

（1）日本的雇用慣行 ……………………………………… 88
日本の会社の人事労務制度 - 日本的雇用慣行

（2）動機：なぜ働くのか ………………………………… 90
日用の糧を得る／成長のため／やる気の3要素
【コラム】学校と会社の違い－期待する答えを出すためだけの場
所か、否か

（3）選択：どこで働くのか ……………………………… 94
あなたの側からの選択肢／あなたの売りは何か
【コラム】企業理念とのマッチング

（4）始めの一歩：つまずかないために ………………… 99
新入社員のマナー／会社や職場の慣習・しきたりを覚える
【コラム】同期入社の意味（仲間でありライバルである）

（5）報酬：いくらもらえるのか ……………………… 103
年収／貢献と報酬の長期収支勘定／転職者の給与水準
【コラム】総額人件費

（6）評価：納得できるか ……………………………… 109
目標管理制度／評価の偏り（評価誤差）／上司が部下を評価する
ということ／会社に民主主義は必要か
【コラム】人事処遇における「予測可能性」

（7）人材開発：成長できるか ………………………… 115
成長の方程式／ローテーションの功罪
【コラム】社内研修はつまらない？

（8）働き方：効率をどう考えるか …………………… 119
パソコン社員論と時間管理／効率的な文書の作り方（Once-Upon-A-
Time Format を避ける）／仕事の完成度と上司
【コラム】AIと仕事

（9）組織：肩書にこだわるか ……………………………… 124
　管理者の役割／会議と根回し／サイロ・メンタリティーと畑／肩
　書の示すもの／上司のタイプ／理想の上司の落とし穴
　【コラム】相性（Chemistry）とチームワーク

（10）会社生活：マインドセット（mind-set）が重要 ……… 132
　大企業病／ポジティブ・シンキング／エンゲージメント
　（Engagement）
　【コラム】男のアイディンティティと女性の輝き

（11）退出：引き際 ………………………………………… 138
　すぐ辞めたら人生の落伍者か？／言われる前に身の振り方を考える
　【コラム】早期退職

第3章　新「会社人間」主義 …………………………… 143

（1）Character Counts（人格がものを言う） …………… 144
　リーダーシップと品格／エモーショナル・インテリジェンス（EQ）
　／アンガーマネジメント（怒りのマネジメント）／ジョハリの窓
　（Johari window）

（2）新「会社人間」主義 ………………………………… 148
　企業倫理とビジネスマンの条件／「新会社人間」宣言

（3）理想の会社と理想の社員 …………………………… 152
　理想の会社はあるか？／理想の社員はいるか？

終わりに ……………………………………………… 159

　経営者とサラリーマン／無制限の自由競争／配偶者にとっての良
　い会社／娘のひとこと

【付録】日本的雇用慣行 ……………………………… 163

　a.日本的雇用慣行の特徴／b.年功賃金制の仕組み／c.年功制の
　課題Ⅰ…市場競争原理から離れている／d.年功制の課題Ⅱ…中高
　年齢者の非効率／e.年功制の課題Ⅲ…「予測可能性」と能力の出
　し惜しみ／f.年功制と時代

参考文献 ……………………………………………… 170

7

第1章
外資で働く

（1）序説

外資系企業の定義

100％外国資本の会社で働いてみると、日本の会社との就労環境や文化の違いを肌で感じる。

まず、外資系企業の定義はどうなっているのだろうか。

経済産業省による外資系企業動向調査（2016）の対象企業は以下のとおりである。

1．外国投資家が株式又は持分の３分の１超を所有している企業
2．外国投資家が株式又は持分の３分の１超を所有している国内法人が出資する企業であって、外国投資家の直接出資比率及び間接出資比率の合計が、当該企業の株式又は持分の３分の１超となる企業
3．上記１、２いずれの場合も、外国側筆頭出資者の出資比率が10％以上である企業

要するに、出資比率10％以上の外国人株主がおり、株式全体の３分の１超を外国人投資家が所有する企業等ということになる。この定義によればルノーが株式の４割強を保有する日産は外資系企業になる。

上記の調査によると、回答した外資系企業に勤める常時従業者数は62.4万人であり、回答率が６割であることから実際の総数はおよそ100万人程度と推測される。日本の平均就業者数は6640万人（平成28年労働力調査、総務省統計局）であるから、全体に占める割合は1.5％程度に過ぎないことになる。日本で外資系企業に勤める人は極めて少数派に属することになる。

この1.5％の世界で起きていることは、日本の伝統的な大企業に見られる新卒採用・長期雇用を前提とした雇用慣行とは大きく違う。意欲と向上心のある人にはやりがいのある世界であるが、順送り人事と同期との競争だけに慣れ切ったベテラン社員には、ついていけない世界でもある。

外資系企業のイメージ

　外資系企業のイメージはどんなものだろうか。
　社外でセミナーをする機会があり、日本企業との対比で以下のスライドを説明した。

【図表１】

外資系のイメージ VS. 日本企業のイメージ

外資系
・毎日が戦場のように慌ただしい
・スピード決定
・グローバル本社のコントロールが強い
・事業撤退・縮小は日常茶飯事
・実力主義、給与が高い
・チームワーク弱い（超個人主義）
・人がすぐ辞める
　　　　　　　　　　　等・・・

日本企業
・意思決定が遅い（時間感覚が悠長・牧歌的）
・形式主義（稟議、ルール墨守）
・安定雇用（定年まで）
・年功序列
・身内意識（自分の会社のことを「ウチは、・・」と言う）
・チームワーク
　　　　　　　　　　　等・・・

　参加者の多くからその通りとの感想をいただいたが、もっと生々しい話を期待していたという方もおられた。見聞したところでは、入社当日に事業売却とリストラを通告されたとか、応募面接の際に会った社長が入社時には解任されていた、という例は少なくない。日本法人は子会社で、重要な決定は海の向こうで決まるために、唐突で理不尽と思われるような事例が起きる。
　親会社からの圧力を跳ね返せるほどの力がある日本人社長のいる会社もあるだろうが、率直に言って、長期的視点でじっくり腰を据えて成長したいと願う人には、伝統的な日本の大企業が合っているように思われる。

日本企業との違い

経験と見聞にもとづき、外資系と日本企業で働く際の人事上の相違点をまとめてみた（下表参照）。

【図表2】
人事から見た外資系企業と日本の伝統的大企業の違い

項目		外資系企業	日本の伝統的大企業
共通点		「ひと」が働いている	
相違点	採用形態	中途採用主体	新卒採用主体
	人材流動性	激しい、転職は当たり前	比較的安定、新卒で入社した会社に定年までいることを漠然と期待
	人材育成	短期的視点（内部で育成するより外から人材を買う嫌いがある）※内部育成を軽視しているわけではないが人材流動性が激しいため	長期的視点（内部ローテーション等）
	雇用期間	本人の実力・意欲次第	長期雇用前提
	人員調整	年間を通じて実施（事業計画と個人のパフォーマンスに基づく）	平時はほとんど行わない。（業績悪化時に大量の希望退職・早期退職を実施）
	雇用保障	あまり期待できない	ある程度期待できる（会社業績安定が前提）
	Engagement	（個人差あり）	（個人差あり）
	忠誠心（Loyalty）	対仕事・職種	対会社（長期雇用への期待とセット）
	命令系統	直属上司の命令系統に従う（Report toが誰であるかを常に意識する必要あり）	直属上司だけでなく、斜めや横のネットワークをフレキシブルに利用して仕事をする
	評価・処遇	短期的（4半期〜1年単位）評価と処遇（昇進・降格）	年功序列（順送り人事）
		数字による評価を重視	数字的評価を含む総合評価（曖昧さは残る）
		実力・成果主義（年齢は関係なし）	実力主義＋年次管理（ある程度の期間は同期入社との競争になる）
	給与水準	高め（ただしポジションによる）	中位（ただし、年次管理のため、職種・ポジション毎の賃金水準（市場価格）の概念がない）
	福利厚生	手厚くない（給与での処遇中心）	充実
	英語の必要性	必要（ただし幹部以外は英語ができなくてもある程度許容されるケースあり）	必須ではない（海外事業部門等を除く）
	オフィス環境	人の机毎にパーテーションで仕切り執務環境を整えるのが一般的	大部屋主体
	労働組合	会社による	あり

第1章　外資で働く

　「ひと」が働くという点で、外資と日本企業の違いはないのだが、パフォーマンスと報酬（Pay）の関係を短期、長期のいずれで決済しようとするかというところに基本的な違いがある。

　外資系企業の場合、入社して半年経っても一人前にならなかったら、会社が退出（Exit）のプロセスに移行し、外部市場から後任者を採用（Replace）しようとすることが珍しくない。他方、伝統的な日本企業では、外部から採用した人材に1～2年で見切りをつけることは一般的ではないと思われる。

　この違いが、人事処遇に関するスピード感やダイナミズムに影響してくる。自分のスキルや経験をすぐ評価してもらいたいと望む人には外資のシステムは魅力的に映るであろうが、長期的かつ安定的に報酬や自己の成長を考えたい人には、日本企業が向いていると言える。どちらが良い、悪い、の問題ではなく、好みの問題だと思う。

　もう一つ大きな点として、内部登用中心で人材育成を行うか、外部から積極的に人材を受け入れるかという違いがある。

　米経営コンサルティング会社のストラテジーアンドが毎年発表している世界の大手上場企業2500社を対象とした調査では、日本企業の新任のCEO(最高経営責任者)のうち外部招聘が占める割合は、2013年の3％から14年は8％に上昇している。世界平均の22％と比べると大きな乖離があるのも確かだ。

　トップが他社で業務経験を積んだことがある割合は13年の調査で米国企業が83％、欧州が74％だったのに対し、日本は15％と、欧米に比べて「他流試合」で腕を磨いたCEOがかなり少ない。

　　　　　　　エゴンゼンダー　岩田健一、日経産業新聞　2016年2月5日

　他流試合を経験したトップが少ない日本企業が、激変する世界経済情勢の下でかじ取りをしていくのは容易でないと感じる。

日本企業との人材の違い

　人間は、保有する能力・資質と環境の組み合せで成長していく。

　外資系に勤める人材と日本の伝統的大企業に勤める人材の質やレベルに大きな違いはないと思われるが、働く環境が異なると、マインドセット（Mindset、心構え）が変わってくる。人は考え方により、成長もするし後退もする。両者の違いを整理すると以下の表のようになる。

【図表3】

外資系企業と日本企業の人材の違い

外資系企業の人材		日本企業の人材	
こらえ性がない	・不満なら転職（就社意識なし） ・転職理由：「やりきった感」等	就職より就社意識	・自分のキャリアを作れるかどうかを常に意識していないと、会社の意向（人事異動・転勤）に流されやすい。
キャリアの棚卸	・自分の市場価値は意識している。いつもCVを用意している。	キャリアの棚卸をしない	・自分の市場価値を考えたことがない。CVを書かない。今後のことも考えない。
処遇条件に敏感	・自分の人材価値を過大評価しがち。 ・過剰に要求することあり。	環境の変化に備えない	・会社に定年までいられると思っている。 ・会社からいらないと言われたら途方に暮れる。
成果重視	・うわべだけのパフォーマンスにこだわる嫌いもあり。 例：KPI（顧客面会数、会議での発言回数等）	仲間意識・横並び意識	・同期の絆、所属組織での仲間意識（チームワーク）は強い

　外資系に勤める人の多くは、自分のキャリアを意識しており、会社に不満を持てば転職することをいとわないが、日本の伝統的大企業に勤める人材は、社内で偉くなることを目標に、不平を言いつつも定年まで勤めあげるつもりでいる。意識が内向きになるから、社外の労働市場に目を向けることは少ない。自分の経験とスキルの棚卸をして職務経歴書（Curriculum Vitae、ＣＶ）を書いたこともなく、会社の業績が落ち込んでリストラの話が出てから慌てることになる。

14

外資系で転職を繰り返す人は自分の処遇に敏感である。「もっと給与を上げよ」などと過剰に要求する（Demandingな）人もおり、少しでも処遇に不満があれば転職に目を向ける。日本人の美徳とされているチームワーク意識が希薄な人もいる。

双方の中間くらいがちょうど良いのではないかと筆者は感じている。

欧州系と米国系の違い

日本における親企業の国籍を見ると、米国系と欧州系が各々4割のウエイトを占めており、日本企業から転職する場合にはどちらにするかをまず考えることがポイントになる。

【図表4】

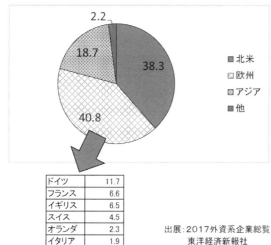

出展：2017外資系企業総覧
東洋経済新報社

グローバル人材マネジメントを担当し始めた頃の筆者には、「欧」と「米」は日本以外という点で一つのカテゴリーにしか思えなかったが、実際に欧州系企業で働いてみると、米国系企業とはかなり様相が違うことがわかった。

筆者の勤務する外資系企業は親会社をスウェーデンに置く医療機器メーカーで、ハイエンドの製品を中心に病院向けに製造・販売・アフターサービスをしている。足の速いコンシューマービジネス等に比べれば長期的な視点で経営を考えられる、比較的恵まれた環境にいる。

会社の持つカルチャーが、欧州系ゆえのものなのか、置かれたビジネス

環境によるものかを即断するのは難しい面もあるが、日本企業との比較で、「欧」・「米」の違いをまとめると以下の表のようになる。

【図表5】

日系、欧州系、米系企業の違い

	日本企業	欧州系企業	米国企業
経営視点と目標	長期的視点 安定成長	中期的視点 安定成長	短期的視点 企業は投資と売買の対象
グローバル組織形態	ローカル任せ（あるいは放任）	ローカル重視	中央集権 米国中心主義
意思決定のスピード	遅い（稟議、集団決定）	中程度	速い（トップによる即断・即決）
人材流動性	低い （新規学卒採用中心）	高い	極めて高い
雇用保障	高い（労働法の保護、解雇は極めて困難）	やや高い（労働法、労働組合の保護）	低い（"Employment at Will" 原則）
タレントマネジメント	年次管理（微差管理） 年功序列	実力主義 トップエリート選抜重視	少数トップエリート選抜
英語力	できなくてもやっては行ける	かなり重要（だが、それなりのレベルであればなんとかなる）	MUST（きちんとした英語力がないと幹部昇進は無理）

　経営の視点では、米国系企業が買収と売却を繰り返すことで企業価値（株価）を高めることを最優先にしているのに対し、欧州系はもう少し長期的な視点で考えているように思われる。その点で日本企業に近いものを感じる。筆者の勤務する会社は同業他社の事業部門の買収を繰り返すことで2000年以降の10年間に10倍以上の規模に成長したが、買収した部門をこれまでに売却したという話は聞かない。

　グローバル組織経営のやり方については、欧州系企業も本社によるコントロールやガバナンスを行うが、「ローカル市場のことはローカルに任せる」という権限移譲（Delegation）が、米国系よりはあると思われる。ローカル従業員として働く立場からすれば、自分達の意見をある程度取り上げてくれるということであり、モチベーション（Motivation）やエンゲージメント（Engagement）の向上のためには重要なポイントである。

第1章　外資で働く

　「人材の流動性」は、従業員の視点で見れば「雇用の安定」ということになる。欧州各国は米国の "Employment at Will" 原則のように簡単に解雇ができる法制にはなっていないことから、日本同様、採用した人材を大事にする雰囲気が残っていると思う。ただし、日本の伝統的大企業のように採用したら最後、パフォーマンスが悪くても定年まで面倒を見ることはなく、そういう人材には退出勧告をすることになる。

　（注）Employment at Will：アメリカ合衆国労働法の用語であり、雇用主も雇用者もいつでも解雇したり離職することが自由にできる権利を認めた雇用原則のことをいう。

　「タレントマネジメント（Talent Management）」、ひらたく言えば「会社の中でどんな具合に出世できそうか」という点では、日本企業と違い、年齢・勤続・性別等に関係なく、優秀と認められれば社内外を問わずに登用する方針が、「欧」・「米」どちらの企業にもある。ただ、グローバル幹部もある程度お互いの年齢を気にする雰囲気はある。先日、会社の Kick Off ミーティングにゲストとして参加した外国人幹部にアメリカ企業との違いを聞いたところ（彼はアメリカ企業の経験も豊富である）、「上位4％の人材ならアメリカ企業に勤めた方が良いだろう」と言っていた。一握りのトップエリートを抜擢して経営を任せる点で米国系は徹底している。しかし、会社は少数エリートだけで回せるわけではないから、従業員一般にとってどちらが働きやすいかという評価は別になる。

　必要とされる英語力の程度は、米国系より欧州系の方が緩いことは確かである。欧州であれ英語圏以外の国民からすれば英語は外国語であるから、日本人と基本的条件は違わない。他方、米国系では要求される英語のレベルはかなり高い。アメリカ人には外国人でも英語が話せて当然と思っている人が多いので、彼らに一目置かれるためには研鑽が必要である。ライティングも、婉曲話法等にそれなりに気を遣わないと、誤解を招いたり、実力を過小評価される恐れがある。

17

【コラム】会社から見た人材確保に関する課題

【図表６】

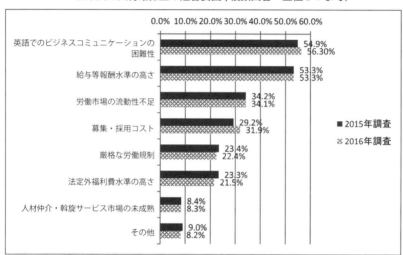

経済産業省第50回外資系企業動向調査(2016年調査)　2015調査（N = 2,865）
2016調査（N = 2,856）

　日本の伝統的な大企業と違い、外資には優秀な日本人を確保する上で課題がある。経済産業省の第50回外資系企業動向調査（2016年調査）による、主な阻害要因について、簡単なコメントを記す。

１．英語でのビジネスコミュニケーションの困難性
　これまでの経験から、外資系企業でビジネス英語のできる人材は、２〜３割前後と思われ、日本の大企業と比べて特に比率が高いとも思えない。理由については「（６）会社生活―英語」を参照。

２．給与等報酬水準の高さ
　年功賃金的要素が残る日本企業と、職務給ベースの色合いが強い外資の報酬水準を一概に比較するのは難しいが、個別には極端に高いケースがある。労働市場の需給関係の問題だと思う。伝統的な日本の

大企業のエース達の目標は社内の出世競争を制して役員になることであり、40代以前から外部労働市場に目を向けることは少ない。少ない優秀人材を巡って外資系同士が奪い合いをするから報酬が吊り上がる。

３．労働市場の流動性不足

　伝統的な日本の大企業に入社した人の多くは、定年まで勤めあげることを念頭に置いている。日本企業に年功的処遇制度が残る限り、傾向が急に変わることはないだろう。労働市場で移動するのは日本企業からドロップアウトして、外資系企業を渡り歩く人達が中心となる。

４．募集・採用コスト

　外資の採用手段は、自社ホームページでの募集、社員紹介、ハローワークなど色々あるが、人材紹介エージェントのウエイトが高い。成功報酬の場合は、採用内定者の想定年収の30％から35％程度の費用をエージェントに支払うことになる。1000万円の管理職を採ろうとすれば300万円以上がかかる。

５．厳格な労働規制

　"Employment at will" 原則のアメリカに比べたら、解雇を含む日本の労働規制は厳格だが、欧州各国と比べればそれほどでもない。労働者保護という観点からは、今の日本の労働法制は妥当だと思う。

（2） 外資への転職

まずは、キャリアの棚卸から

　応募者が採用面接用に準備する書式は、「履歴書」と「職務経歴書」のセットである。転職を考え始めた頃、職務経歴書の書き方が分からずにインターネットで検索したことを思いだす（無料で結構良いものが公開されていた）。

　職務経歴書は、過去に経験した職務内容と実績を時系列に記載したもので、応募者の経験・スキルレベルと、（これから何ができそうかという）能力を推し量るために重要な情報である。筆者は、経歴書に書かれた内容を読んで額面通りに理解するよりも、応募者が過去のキャリアをどのように説明し、「なるほど、だからこういうキャリアを歩んだのだな！」と思わせてくれる「自分語り」に関心を持って面接に臨んでいる。職業人生において、キャリアのすべてが成功というケースは稀であるから、失敗から何を学んでその後に活かしたのか、それをどのように表現して相手（面接官）に伝えるか、といった点もポイントになる。

　大学時代は、簡単なことを難しく表現する手法ばかりを学ばされたように思うが、時間との闘いが勝負の企業社会にいると長い文章を読む気にならなくなる。正直に言えば、Ａ４の紙１枚が限界である。

　職務経歴書にしても詳細なものは必要だが、一覧できるサマリーをつけると見栄えが良くなる。転職活動をしていた頃、ベテランの人材紹介コンサルタントから「職務経歴書は３頁程度に収めること。長すぎると読んでもらえない。極力数字を入れた成果を記載し、自分に何ができるかを見ただけで分かってもらえるグラフや表等を入れて工夫すると良い。」というアドバイスをもらった。なるほどと思い、試しに、人事屋としての主な活動内容を表にしてみたのが、以下の例である。

第1章　外資で働く

【図表7】

主な実績・経験

分野	採用	人事・人員管理	人材育成	報酬・処遇制度	労働時間管理	労使交渉	海外人事	その他
実績・経験	・700人採用（10年間で7000人面接）	・人事異動・組織改正 ・昇格事務 ・人員適正化	・サクセッション・プランニング ・コーチング ・異文化研修	・管理職年俸制（1000人対象） ・一般社員賃金制度再構築（4000人対象）	・フレックスタイム導入 ・裁量労働制導入 ・在宅勤務導入	・春闘 ・労働協約 ・処遇制度 ・経営対策	・グローバル人事プロジェクト ・海外子会社MBO制度導入 ・米国買収会社PMI ・海外子会社内部監査 ・米系合弁会社HRプロジェクト	・福利厚生 ・総務 ・法務 ・内部統制 ・子会社取締役会運営

転職エージェントの選び方

　江口洋介主演の「ヘッドハンター」というテレビドラマがあった。ヘッドハンター（Headhunter）の文字通りの意味は首狩り（ヘッドハンティング）をする族のことを指す。転じて、既に所定の職業についている人材の引き抜きをする者のことを言うようになった。

　筆者のヘッドハンターとの最初の出会いは40歳になった頃、会社に入った一本の電話から始まった。外国人から英語で勧誘がありエージェントの事務所に赴いて色々と転職先の情報を聞くことになった。実際に転職したのは10年以上後になるが、その間に様々な転職エージェントや転職コンサルタントに接した。

　外資系への転職を考える人が頼る手段は、知人からの誘いを除けば転職エージェント（人材サーチファーム）のコンサルタントである。ヘッドハンターは、具体的な転職を考えていない人材に対し求人ポジションへの応募を働きかけて転職へ誘導する人のことを指すが、これは少数派で、転職エージェントへ希望条件を予め「登録」した転職希望者に対し具体的な求人案件の紹介を行うのは人材コンサルタントなどと呼ばれる。

転職エージェントは、求人企業との契約形態から、以下の２種類に分かれる。

契約形態	契約内容	転職エージェント例	転職希望者の負担額	人材紹介を依頼した会社の負担
コンティンジェンシー（Contingency）主体の会社	転職紹介案件が成立した場合にのみ、クライアントがエージェントに報酬を支払う	JACリクルートメント、リクルートエージェント、ロバート・ウォルターズ	0円	転職成立した人材の想定年収の30〜40%
リテーナー（Retainer）主体の会社	事前に人材サーチ紹介料を決めた上で、一定期間内に転職者を確定する	エゴンゼンダー、ハイドリック＆ストラグルズ	0円	求人対象ポジションの想定年収の1/3程度を目安に個別に設定

　部長レベル以下の転職を考える場合にお世話になるのは、コンティンジェンシー（Contingency）契約のエージェントになる。リテーナー（Retainer）契約のエージェントは、社長、役員、CFO等の幹部クラスの紹介に特化しており、若手が登録しても相手にされない。ビジネスレベルの英語が話せることが最低条件になる。

　転職希望者にうれしいポイントは、どちらのタイプを利用するにしても、原則として金銭的な負担はないということである（ごく一部、料金を取る会社もある）。代わりに、求人企業が想定年収の３割〜４割程度の料金をエージェントに支払うことになる。無料のハローワークや従業員紹介に比べ求人企業にとってのコスト負担は大きく、良い人材を採ることが会社にとって重要といっても高すぎないかという不満は残る（中規模の外資が数人の管理職や営業・技術専門職を採用するためのコストが、日本の大企業が100人の新卒を採用するためのコストを超えることもある）。

　転職エージェントを利用する場合、インターネットで「転職」と入れれば数多くの会社名が出てくるが、外資系に行きたい人は、「外資に強いエージェント」で検索する。エージェントによって得意業種や職種が違うのでエージェント選びは重要である。
　意中の転職エージェントのホームページ画面の登録サイトから個人情報

第1章　外資で働く

を入力し職務経歴書（和文・英文の両方を用意する）を添付して送信すれ
ば、転職支援のサービスを受けられることになり、具体的な案件情報の連
絡を待つことになる。だが、実際に案内が来るかどうかは分からない。エー
ジェントが職務経歴書を見てフィットする求人案件がなさそうなものは振
り落としてしまうからだ。だから、少なくとも、3〜4社くらいには登録
しておいた方が良い。

　職務経歴書の出来栄えも書類選考に残るかどうかを左右するので、イン
ターネットで良いサンプル様式を見つけた上で、様式の慣例に従った簡潔
で強みをアピールする内容にまとめることがポイントになる。勤務経歴を
記載する際、履歴書では学校卒業後に就職した会社を古い順に並べるのが
普通だが、職務経歴書では新しい順に記載するのが普通である。直近の経
歴が能力・経験を端的に示すと見られるからである。古い順に記載した職
務経歴書を出した段階で求人側の心証を悪くすることもあるので要注意で
ある。

　転職エージェントは数多くあるが、質のバラツキも大きい。エージェン
トのクオリティもあるが、個々のコンサルタントの資質に影響される部分
も少なくない。有能で親身に世話をしてくれるコンサルタントに当たれば
転職活動はうまくいくだろうが、一部には、コンサルティングファームを
転々としながら、同じ人間に2〜3年おきに新しい転職先を斡旋して、成
功報酬をもらうことに注力している人もいる。知人・友人に転職経験者が
いるならエージェントについての生の情報をもらっておくと役に立つ。

23

人生の振り返り

　「採用」という仕事が特段好きというわけではないが、人々が面接の場にたどり着くまでの活動の一端を垣間見ることができる点で、貴重な機会である。

　これまでの人生の中で、何を考え、どのように行動してきたのかを、30分から1時間のインタビューの中から感じ取り、未来を予測する（＝当社に入社したら、どんなパフォーマンスをしてくれそうかを予測すること）…短時間でこんな大切なことを読み取ろうとする「採用活動」は実に乱暴な活動だと思う。補助的手段として適性検査も利用はするが、直観に頼らざるを得ない部分も出てくる（これは応募者の立場からしても同じであろう。面接官から受けた印象等から会社の文化を予測して決めたりするからだ）。

　新卒採用の場合は、単純である。聞くことと言えば学生時代の活動しかないからだ。勉学と課外活動の状況を聞く中で、未来の可能性を推し量ることになるが、生きている期間も短いから似たり寄ったりの経験になるのはやむを得ない。同じような経験しかしていなくても、話の仕方がうまい人が得をすることもあるだろう。
　中途採用（Mid-Career）になると話は別である。色々な会社で経験を積んで今に至っているからには、語るべき（人生の）ストーリーを持っているだろうと期待する。

　どのように考え、行動した結果、今の応募者があるのかを、いくつかの代表的な質問をして推し量ることになる。例えば、「今までのキャリアの中で、最も成功した体験と失敗した体験を話してください」とか、「自分の性格の長所と短所として感じているものを二つずつ挙げてください」等である。
　応募者に長所と短所を聞いたところ、「何なんでしょうね？」というレスポンスを受けて面食らったことがある。40歳前後の人だったと記憶しているが、多くの会社を渡り歩く中で少し立ち止まり、自分を見つめ直し

たり、振り返ったりする機会を持たなかったのだろうかと思う。別に、性格についてのセルフチェックを聞いて採否の材料にするわけではないが、自分という存在をどのようにとらえているのか、という点に関心がある。自分がない人は、どこに行っても嫌なことがあれば環境のせいにしてまた転職という流浪の旅を続けることになると思われる。

転職前の語学留学・海外留学は役に立つのか？

海外に興味のある人が、学生時代に語学留学や海外留学をしておくのは意味のあることである。異文化に触れ、英語力を磨いておくことは就職してから役に立つだろう。

採用面接をしていると、就職してから英語の必要性に気づいて会社を辞め語学留学をした人に出会うことがある。正直に言えば、この経歴が採用にプラスになることは本人が期待するほど多くはない。語学留学後にTOEIC で 800 点台を取ろうが、国内勤務を続け語学学校に通って同様のレベルに達しようが、結果は同じである。外資系企業は英語ができることを必要条件とするが、どこで習得したかには関心がない。それ以上に、求人ポジションに見合うビジネススキル・経験があるかどうかを注視するが、語学留学期間はビジネス経験の点では空白期間であり経歴のプラスにはならない。

日本の大企業で選抜され海外留学をして MBA を取ってくることがある。これを引っ提げて外資系に転職しようとする場合、職務経歴書に「箔」をつける意味である程度の効果を発揮するかもしれない。が、企業が重視するのはやはり実務経験とスキルである。MBA さえあれば入社後も順風満帆というわけにはいかないことを覚悟しておくべきである。なお、MBAを取って短期間で辞める場合、かかった学費を会社に返却する契約としているところもあるから気をつけたほうが良い。

転職回数は何回まで OK か？

　ある大手の日本企業の執行役員の評価プロジェクトで、欧州の同僚がグローバルな視点で経営陣の競争力を見極めるために来日した。一連のインタビューを終え、一息ついてこうもらした。「日本人のキャリアは、最初の 10 年は塩漬けで、最後にジョブホッパー（転職を繰り返す人）になる」
　　　　　　エゴンゼンダー　開発徹、日経産業新聞 2015 年 12 月 8 日

　外資系企業で採用面接をしていると、日本の大企業に勤める従業員とは比べものにならないくらい、転職回数の多い人に出くわす。7 ～ 8 回はざらで、10 回以上の人もいる（※日本の中小や零細企業に勤めている方々には、会社の都合で余儀なく転職を繰り返さざるを得ない人も多いと思う。趣旨が転職の多さを非難するものではないことを予めご了承願いたい）。

　1 社の在籍期間は 2 年前後が標準で、5 ～ 6 年勤める例もあるが 3 か月程度で辞めてしまった例も多い。日本の有名企業に 10 年前後勤めてから外資に移って以降、転々とさまようケースも多い。

　気になるのは転職理由であるが、大雑把に整理すると以下のようになる。

　1．日本の大企業の官僚的な体質への嫌気、順番待ちの年功制を待ちきれなくなった。

　2．人材紹介会社からの誘い（電話等）。

　3．知人の紹介、先に転職した職場の先輩・上司等からの勧誘など。

　4．人事異動により交代した社長や上司と、自分の目指す方向性が合わなくなった。上司が代わるときは社外から息のかかった者を集団で連れてくることもあるので厄介だ。

　5．「やりきった感」。今の会社で色々な経験を積み、「やりきった感」があるので、新天地でチャレンジしたい。

　6．ブラック企業。過剰なサービス労働や、コンプライアンス違反等の状況に耐えられなくなった。

　7．会社の業績悪化、リストラ、日本からの事業撤退。

これらの理由を組み合わせると7〜8回の転職理由は簡単に説明がつく。

問題は、頻繁に転職を繰り返して専門的な職業能力が身につくのかという点と、人間関係やコミュニケーションは大丈夫かという点である。本人の弁だけを聞いていると、悪いのは他人や環境で、自分は悪くない（他責）、ということになる。本当にそうだろうか？　自分の人生を決める責任は最終的には自分にあるのではないか。そのような振り返りが出来る人なら、今度こそ腰を落ち着けて会社で頑張ろうという気になるだろうが、そうでない限り、少しでも気にいらないことがあればまた辞めていくだろう。

　会社に不満があって辞めていった営業課長が2か月で戻ってきたケースがある。
　聞けば、入社した日に「わが社は売却が決まり、皆さんの職場はなくなる」と通告されたそうだ。採用面接の段階でそんな情報も持たずに採用をやらされていた日本法人の人事トップの顔を想像すると恐ろしくなるが、辞めた本人にも責任なしとは言えまい。他方、不満があって米国系外資系企業に移り、年収が100万円以上アップしたものの、極度の個人主義でチームワークのない組織文化に失望し、「再び○○のチームで働かせてほしい」と頭を下げて戻って来た者もいる。年収は以前の水準に戻しての採用だったが、今では、マネージャーに昇進し水を得た魚のごとく活躍している。

　隣の芝生は青く見える。
　本当に青いこともあるが、そうでないこともある。
　決めるのは本人だが、直観や感情だけでなく、忍耐力も働かせながら一歩ずつ歩んでいくのが人生の要諦かもしれない。

転職理由が重要（「やりきった感」？）

　外資で採用面接をしていると、応募者から転職理由として「やりきった感」という説明を受けることがある。外資系の間で頻繁に転職を繰り返す人は、一つの会社に 4 〜 5 年いると、別の会社に転職したくなるようだ。「今の会社（職場、例えば営業）ではやれることをやりきった感があるので、新たなチャレンジをするために御社を志望しました…」というような説明をする。

　日本の会社で 30 年過ごして外資に転じた身からすると、5 年くらいで「やりきった感」が持てるとの説明を額面通りに受け取る気にはなれない。社長をやったのなら分かるが、それ以外でやりきった感など得られるものだろうか？　その通りなら、わが社に入ってもしばらくすると「やりきった感」を理由に辞めていくのだろう。

　今の会社ではこれ以上偉くなれそうもないことを、このような言い方で表現しているのだとしたらもっと正直に、「これ以上今の会社にいても偉くなれる可能性はないので」と言ってもらった方が分かりやすいのだが…。

　外資系の多くは中小企業であるゆえに、長期にわたるローテーション・人事異動を通じた育成・昇進のシステムが確立していないため、同じ職場で同じ職種をずうっと続けるか、社外に転じて上のポジションを狙うしかないという面もある。不完全燃焼の「やりきった感」しか与えられずに有為の人材を失うとしたら、外資系企業にとっても不幸であり、伝統的な日本企業のローテーションシステム等を参考にじっくりと人を育てる工夫も必要だと思う。

外国人幹部による採用面接の留意点

　外資系企業で幹部人材を採用する場合、グローバル本社や地域本部の外国人幹部との面接（電話や Skype を含む）が必須のプロセスとなる。きちんと事前準備をせずにこの面接をパスするのは、日本語で日本の大企業の採用面接をパスするより数段難しいと思われる出来事があった。

第1章　外資で働く

　英語は完璧、ジョークの返し方や間合いも絶妙、日本の大学の学位に加え、欧米大学の MBA も取得、誰もが知る Blue Chip Company（一流企業）での華々しい経歴・・・これらを見る限りでは落とす理由などどこにも見当たらないようだが、限られた面接の場で自分を適切に表現できないと落とされる例を目の当たりにした。幹部が来日して Face to face の最終面接をする前に、二度の電話インタビューを済ませており、評価は良好なものだったので、来日は最終確認の儀式のようなものだと甘く考えていたが結果は違った。

　これらの経験から、外国人幹部の面接にパスするための最低条件は以下のものだと考えるに至った。

　１．かなりの水準の英語を使えること
　　美しい流暢な英語を話せるのは結構なことだが、それよりもまずは、相手の言っていることを正確に聞き取れるリスニング能力の方が重要だと思う。英語を母国語にする国民には、相手が英語を理解すると分かるとおかまいなしに早口でまくしたてる人が多いと感じる。相手の意図することを取り違えたら、その後の会話は迷路にはまってしまいぐだぐだになる。聞き取れなかったら堂々と、Pardon me（もう一度質問をお願いします）と言うべきである。

　２．想定される質問に対する答えを事前に準備しておく
　　採用ポジションを前提とした想定質問に対する回答を、まずは日本語で準備しておくことだ。想定質問の例は、
　「入社したらまず何をするつもりですか？」
　「入社したらどのような貢献ができると考えますか？」
　「あなたのビジネス上の強みは何ですか？」
等である。

　採用側と応募者側には、会社に関する情報量に圧倒的な差があるから、完璧な答えなど期待していないが、限られた情報の中でどのように考え提案してくるのかを見ているのである。応募者には今までの会社の経験・

29

昔話ばかりを長々と続けるものの、それらを未来にどう活かすかを上手に説明できない人が多い。よほどの面白い物語でない限り、他人の昔話を我慢して聴き続けられる人は少ない。

３．Chemistry（相性）

　結婚と一緒にするのは強引かもしれないが、採用もしょせんは相性と直感の問題である。どんなに自分は優秀だと思っても、相手が「この人間と一緒に働きたい」と思うかどうかは相手が決めることだ。自分ではコントロールできない。だが、印象を良くするための工夫はできよう。顔の骨格は変えられないにしても、身だしなみを整えたり、普段からウエイトトレーニング等により精悍な体つきを維持することは努力次第でできる。筆者の印象では、欧米人幹部には（ハロー効果に過ぎない場合もあるのだが）見た目を重視する人が多いように思う。

　それでも決まらなかったら、「この自分を評価しない会社なんかこちらから願い下げだ！　機会はいくらでも他にある。」と頭を切り替えて、活動先を変えれば良いのである。

転職のタイミング

　日本企業で職業生活を始めた人が、どのタイミングで外資系に転じるとうまく行くのだろうか。

　多くの候補者へのインタビューを通じて達した一般論は、最低でも10年から15年は日本企業でビジネスパーソンの基礎と専門性をきちんと磨いてから外資系に転じるのが良いということだ。

　日本企業にはまだ年功制が残っており、若いうちは使い走りや徒弟のように扱われることもあるだろう。が、OJTを通じて優秀な上司・先輩がしっかり教育してくれることや、ローテーション等を通じて専門性と幅広さを同時に身につけられることが大きな利点として挙げられる。これらの利点を十分に享受してひとかどの専門家になってから外資系に転ずるのが賢明

である。専門性も身につかないうちに、窮屈だからという理由で 20 代で
外資系に転じると失敗するリスクがある。一般に外資は、出来上がった人
材、すなわち、専門家を求めているからである。育成にかかる時間を節約
するために専門家を（多少高めでも）買う発想が強い。

　もっとも、10 年から 15 年もの間日本企業で基礎を磨いてから外資に
転じても、そのまま定着できるとは限らない。長くても 2 〜 3 年、短いと
数か月で転職を繰り返す場合が多いようだ。理由は色々あるだろうが、受
け入れ側の外資系に長期安定雇用を是とする風土・文化がない、転職者側
の忍耐力不足（気にいらなければすぐ辞める）、一度転職して自信がつく
と更なる転職に抵抗感がなくなる、等々。
　しかし、短期間で転職を繰り返し経験社数が 7 〜 8 社にもなった履歴書
を見ると、「本当に採って大丈夫だろうか？」「少しでも不満を感じたらす
ぐに辞めてしまうのではないだろうか？」と、採用者側は考えがちである。

　もう一つのタイミングとしては、20 年から 30 年ほど日本企業で勤務し、
専門性を身につけ、マネジメントも十分に経験した上で外資に転ずるとい
うのもある。昨今の日本の大企業は業績悪化を理由に頻繁に大量の早期退
職を募集しているので、潜在的な母集団は意外に大きい。彼らは 50 歳前
後で年齢的にも後がないので、気構えや忍耐力の点で期待できるし、実力
は保証付きである。問題は、外資のスピーディーで自立・自己責任のカル
チャーに馴染めるか、英語を含む異文化コミュニケーション力とマインド
セットがあるかということである。

従業員紹介プログラム（Employee Referral Program）

　外資系企業の採用では、人材サーチ会社以外の有力な手段として、従業員の紹介によるものがある。新卒採用を基本とする日本の大企業では考えにくいことかもしれないが、中途入社が主体の外資系企業では、過去に一緒に仕事をした人の中で良い人材がいれば社員から積極的に紹介してもらい、採用するのはごく自然なことである。一緒に仕事をした人は、能力・経験・人柄を熟知しているから、はずれの人材を採用するリスクが低く、会社として安心して採用できるメリットがある。また、人材サーチ会社利用で入社した者より定着率が格段に高いし、紹介者自身の会社に対するエンゲージメントを確認する手段にもなる。良い会社と思わなければ知人を紹介するはずはないからである。

　紹介してくれた社員には、被紹介者が入社し一定期間を経過した後にボーナス等の褒賞を与えるのが一般的である。欧米企業では、これを"Employee Referral Program" と称して人材採用のために積極的に活用している。筆者の経験では、社員紹介による入社者が年度の全採用者の4割に達したこともあり、うれしい話ではある。

貢献の Breakeven Point

　外資系企業に転職した場合、最初の3か月程度でどれくらいキャッチアップできるかが、その会社で生き抜いて行けるかどうかの分かれ目になる。2005年、ニューオリンズで開催されたSHRMで、ハーバード大学教授のMichael Watkins のセミナーを受け、その著書 "The First 90 Days" を買った。新しい会社や組織に移って最初の90日でいかにして立ち上がっていくかに関するスキルを述べたものである（2013年には改訂版も出され世界のベストセラーになっているようである）。

　この本（初版）によれば、外部から採用された幹部の40%から50%は期待される成果を出していないという。
　会社に対する貢献の損益分岐点は、入社6.2か月後になるという。最初の3か月は組織や人の状況を把握するために費やされる学習期間で、その

後の3か月間に徐々に仕事ができるようになり投資と貢献の帳尻が合うまでに半年かかってしまうということである。

【図表8】

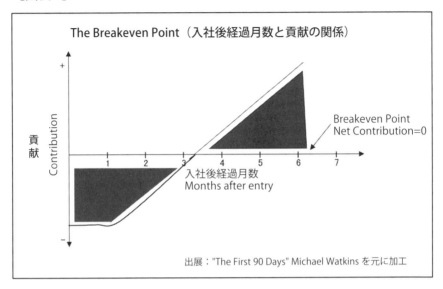

この点で中途入社（採用）は、会社にとっても、本人にとってもリスクになることに留意しておく必要がある。

会社にとっては、人材サーチ会社に予定年収の30％以上もの料金を払って確保した社員の入社後半年間の報酬は貢献には結びつかないことになり、合わせて年収の80％分が直接投資となる。周囲の人によるOJTを通じた教育やサポートの労力等も含めれば優に年収1年分以上の投資が必要になるということである。

これだけの投資をしても本人がスムーズに立ち上がらなかった場合には、投入された資金と労力は無駄になり、社内外から代わりの人材を調達するサイクルを繰り返す悪循環に陥る。

半年経っても一人前になれなかった場合、会社から厳しい視線を向けられることを覚悟しなければならない。新規学卒中心に人材確保を行う伝統的な日本の大企業ならば、中途採用者についても、ある程度長い目で立ち

上がりを見守ってくれる可能性があるが、中途採用主体の外資系に悠長なことは期待しにくい。即戦力として会社の期待に応えられない場合には、降格や退出勧告を受けることになる。

　筆者自身、今の会社に転職したときは、"The First 90 Days"を読んで一日も早い立ち上がりに努めたのだが、眼前の仕事を夢中で処理しているうちに3か月が経った。ようやく会社の雰囲気や流儀に慣れたと思えたのは1年以上経ってからだった。忍耐強く見守ってくれた会社幹部や職場の人達に感謝の気持ちである。

外資で働く上で必須の行動スタイル（Hands On と Speed）

　40代前半、外資系への転職活動をしていた頃、ある会社の外国人社長から「Hands on はできるか？」と聞かれたことを覚えている。眼鏡の奥から誠実そうな瞳を覗かせる、大柄でハンサムなイギリス人だったが、別れ際に振り返ると背中のシャツがよれよれになっていた。仕事はキツイのだろうと思った。

　外資に転じてみて悟った「外資で働く上で必須の行動スタイル」は少なくとも二つある。

　一つ目は、ハンズオン（Hands on）である。
　日本の大企業で部長ともなれば何人の部下を抱え、彼らに指示を出して仕事をさせ、ハンコを押すのが仕事というイメージであるが、外資系企業では社長自らが自分で資料を作り、プレゼンをするのが当たり前である。グローバル本社の CEO や幹部も同じようにハンズオンで仕事をしている。ヘッドカウント（人員）管理が厳しく、少数精鋭で事業を回す運営にしているせいもある。部下にやらせることが仕事だと思っている人は、外資系では生き残れない。

　二つ目に、スピード感。
　欧米企業は日本企業と比べて決断が速く、長ったらしい稟議もない。日

本法人は中小規模であることが多いので、ある程度の情報をそろえたら社長と直接相談してさっさと結論を出すくらいでないと仕事が回らない。筆者自身は、来たメールはとりあえず30分以内には返す（受け取ったことを知らせるだけでもよい）、多少の検討が必要なものでも翌日には返すという感じである。グローバル幹部とのやりとりもこのスピード感である。業務の指示をもらってから1週間温めてじっくり考えるタイプの人には向いていない環境である。

（注）ハンズオン：体験学習を意味する教育用語に由来するが、ビジネスの世界では、自ら現場に下りていき、自分の手で実務を行うことを指す。

【コラム】私の転職活動

　40代に入り、このまま同じ会社で漫然と時間を過ごして定年を迎えるのだろうかと考え始めた頃、人材サーチ会社の外国人コンサルタントから英語の電話が入るようになった。これも経験と思っていくつかの外資系の面接を受け、オファーももらったが、将来の安定性を考え、転職を踏みとどまった。

　50代になった頃、リーマンショックを契機に会社が5年連続の赤字に転落した。今度は本気で外資系への転職活動を再開したが、年齢を理由に書類で落とされることが続いた。知人に紹介してもらった外国人コンサルタントに、外資系企業の本音を聞くと、「実力主義とは言っても、現実には40代半ばくらいまででないと就職は難しい。よほどエネルギッシュであるとか何かの売りがない限り…」
　と言われた。建前と本音が違うのだと分かり落胆した（外資に転じてみて、そうではない会社もたくさんあることが分かったが、当時は分からなかった）。

　勤める会社が2年間で3000人のリストラを行う事態になり、もは

やこれまでと、早期退職に手を挙げた。その後の収入のあてはなかったが、とりあえず社労士事務所を作るとして妻を納得させた（感謝している）。手作りの事務所パンフレットを作る傍ら、ダメ元でインターネットで知り合った人材サーチ会社にコンタクトしたところ、今の会社を紹介され、入社できた。

　転職活動は不思議なもので、タイミングによってうまくいくこともある。諦めずに時間をかけて活動すれば活路が開けるものだと実感し、今に至っている。

【不調面接を重ね...】　⇒　【成功面接に至る】

第1章　外資で働く

（3）　報酬・処遇

外資の給与は高いのか？

　外資の給与は高いというイメージがあるが、本当だろうか？
　答えは半分イエスで、半分はノーである。

　以下、順を追って説明する。

Ⅰ．まず、報酬決定の際に考慮される要素が、日本企業と外資系企業では大きく異なる。

	年齢	勤続	経験	スキル	前職年収	市場相場
日本企業	○	◎	○	○	×	×
外資系企業	△	×	◎	◎	◎	◎

　日本の伝統的大企業は新規学卒を採用して内部で育てていくことが基本だから、職種に応じた市場相場など想像したこともない人事屋が従業員の給与を管理している。能力主義・実力主義賃金志向が高まっているとはいえ、定期昇給と数年に一度の昇格によって少しずつ増やすのが基本型であるから、結局のところ、年齢や勤続年数にリンクする部分が大きい。

　外資系企業でも、新規学卒を採用するところではある程度似たような管理をしていると思われるが、外資の人的リソースの主体は中途採用であるから、年齢・勤続はあまり関係がない。それよりも職種・ポジションの市場相場や、転職者の前収を気にしつつ、本人の経験・スキルがどれほどのものであるかをシビアに見て水準を決定することになる。
　ゆえに、日本企業の年功序列賃金制の下で低く抑えられていた能力ある若手が外資の扉をたたけば、給与が跳ね上がるということもあるようだ。

　年齢と年収の相関関係を、日本企業と外資系企業との比較でイメージ的に示すと以下のようになる。

37

【図表9】

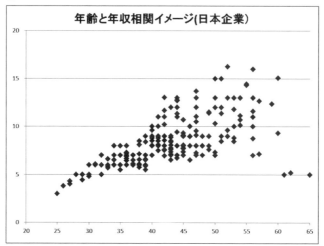

(横軸：年齢、縦軸：年収指数)

　日本企業の場合は評価による個人差があるものの、年齢とともに右肩上がりで報酬が上がっていく。

【図表10】

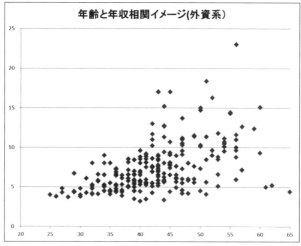

(横軸：年齢、縦軸：年収指数)

　外資の場合は、前職の年収や市場相場等で報酬が決まるため、年齢との相関は弱く、個人によるばらつきが大きい。20代であろうが50代であろうが最低年収者の水準は変わらない。

第1章　外資で働く

Ⅱ．年収水準は、ポジションの役割・責任の大きさ、職種、市場の需給
　関係によって異なるので、外資の方が日本企業より良いと一般的に断
　言することはできないと思う。
　　a．需要が供給を上回る職種は年収が高い。医療機器業界では、業界
　　　独特の法規制等の理解が必要な安全管理・品質保証スタッフの水準
　　　は、1〜2割程度高いようだ。
　　b．事業部長や部長クラス等の上級管理職は、総じて、日本の大企業
　　　の同年齢の人間よりは高めの報酬をもらっていると思われるが、個
　　　人差が大きい。
　　　　ＣＦＯへの応募者を例に取れば、800万円から3000万円超まで
　　　ばらつきがある。要領良く転職を重ねた人が実力以上にもらう一方
　　　で（転職した会社の業績悪化・事業所閉鎖等に遭遇した）、運の悪
　　　い人は転職するたびに下がるという図式である。実力差以上に年収
　　　のばらつきがあるのが外資系人材の特徴と言ってよいと思う。

Ⅲ．見かけの給与水準だけ見ると魅力的に思えても、外資にはフリンジ・
　ベネフィット（Fringe benefit）が少ないので、トータル・コンペンセー
　ション（総報酬）や生涯賃金で考えた場合に日本企業より良いかどう
　かは疑義のあるところである（詳細は、「**福利厚生**」の項目を参照）。
　（注）フリンジ・ベネフィット：企業が給与以外に従業員に与える付加的な給
　　　付（利益）。住宅補助や、医療・食事補助、社内低利融資などがある。

Ⅳ．一般社員の水準は日本企業とさほど変わらないと思われる。コスト
　競争なので賃金ばかり上げたら企業競争に勝てるはずはないからだ。
　あくまで、個人のスキル・経験に見合う報酬を払うのが基本である。

Ⅴ．日本企業よりは少数精鋭でやっているので、その分、一部の人には
　高い報酬を払うことができるのかもしれない。ただし、人員管理（Head
　Count）の厳しさは日本企業の比ではないので、スピーディーかつ効
　率的に働かないと外資では生きのびていけない。

39

外資の給与変動は激しいのか？

外資系企業の給与変動は激しいというイメージがあるが、本当か？
答えは半分イエスで、半分ノーである。

Ⅰ．上位のポジションに行くほど、年収に占める変動部分（Variable
Pay や Short Term Incentive と呼ぶ）のウエイトが大きく、社長クラ
スになると固定年収の7割程度がボーナスとして加算される例もあ
る。目標を超えて達成（オーバー・アチーブ）すればボーナスが固定
年収を上回ることもあり、労働意欲を大いに高めるインセンティブに
なる一方で、達成率が目標の50％～90％（会社・職種により最低達
成率基準は異なる）で終わればボーナスは全くもらえない。外資の幹
部で働く者にとって、給与変動は激しいと言えよう。

Ⅱ．一般社員・事務員クラスでは、ボーナスのウエイトを高くするケー
スは一般的ではなく、固定年収の10％程度を業績リンクのボーナス
とする例もある。これなら、日本企業よりよほど安定的に年収をもら
えると言えよう。日本の大企業のボーナスは、毎年の春闘で月例給与
の概ね4か月から6か月の範囲で変動する。年収の3割前後が変動部
分に相当し、その支払いが経営の判断に委ねられている点では安定的
な報酬とは言えまい（業績が悪化すればボーナスゼロになる可能性が
ある）。

Ⅲ．日本企業は業績が落ちると全従業員を対象に賃金カット（3％、
5％、10％等）をすることがあるが、外資系で賃金カットされたと
いう話は聞かない。そんなことをしたら従業員が辞めてしまうし、一
律にカットして皆のモラールを下げるよりはローパフォーマー（低業
績者）を切る方策を優先するためでもある。

労務政策としてはこの方が健全ではないかとも思う。日本の伝統的企業
の労務政策は、理由はともあれ「なんでもみんな一緒」で行うことが多い
が、外資の人間にこの理屈は通らない（納得しない）。

40

賃金制度

　外資系企業と日本企業では、賃金制度とその運用に大きな違いがある。以下に、ポイントをまとめてみる。

１．職務給的考え方が基本である

　日本の企業では、「職能給」即ち、能力に応じて上がっていく「属人給」賃金が主流であるが、元々は勤続年数をベースに設計してきているので、「役割給」などと言い方を変えてみても、年功的な要素が色濃く残っている。「職能給」は「長く勤めるほど経験も積んで優秀になる」という仮説に基づくものだが、ＩＴスキル他の最先端の知識・経験が必要とされる昨今では、経験年数だけで実力を規定することは難しい。

　外資では、「職務給」即ち、担当する業務内容で処遇を決める、「人」ではなく「仕事」に値札がつく考え方が主流である。募集しているポジションを担える人間が社内にいなければ躊躇なく外部市場から調達する。勤続年数は関係ない。

２．モデル賃金が存在しない

　日本の大企業に入ると、「入社して何年目で標準的にはいくらもらえる」という想定が多少はできる。「モデル賃金」と称して人事部門がこのようなデータを作成することが多く、春闘の際に、労働組合経由で組合員向けに情報が提供されることもある。イメージは、以下の図の通りである。

【図表11】

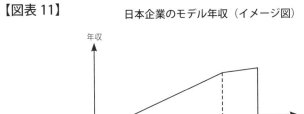

日本企業のモデル年収（イメージ図）

従業員がモデル賃金を知ると、将来を目指して頑張ろうという気にもなれば、長く待ってもこの程度なら我慢できないと社外に飛び出していくことにもなる。外資系の場合、管理職等の上位ポジションになるほど自分の賃金が将来どうなるかを予測することは難しい。

３．賃金のアップ・ダウン

　外資系では、年齢・勤続に関係なく実力主義で報酬を決めるので、若くても優秀と認められれば管理職に昇進し、報酬が大幅に上昇する。他方、ロー・パフォーマー（Low Performer、低業績者）と判定されれば報酬ダウンもありうる（賃金ダウンは労働関連諸法や労働慣行に従って行う）。毎年定期昇給をしながら徐々に上げていく日本企業とは大いに違うところである。

　中途採用が頻繁に行われるため、賃金は外部市場の相場に強く影響される。高くても欲しい人材がいれば採るし、使ってみて期待した業績が上げられなければ下げることもある。日本の大企業のように年次管理で横並びということにはならない。ママチャリでだらだら坂を上っていくのと、ジェットコースターに乗るのと同じくらいの違いがある。

４．賃金水準

　年功ベースの日本企業と職務ベースの外資では比較の土俵が違うため、賃金水準を一概に論じることは難しい。詳細は「**（3）報酬・処遇―外資の給与は高いのか？**」を参照。

　まとめれば、賃金制度・運用について外資と日本企業のどちらが良いと思うかは個人の好みによる。長期にわたりじっくりと自分を成長させつつ貢献と報酬の帳尻を合わせていきたいと思う人や、安定的に家計を維持したい人は、日本企業に留まった方が良い。短期間に実力を評価してほしいと思う人は外資系にチャレンジするのも良い。ただし、日頃から「自分の実力」と「やりたいこと」を見定めておくことが重要である。これ次第で、転職する度に報酬が上がることもあれば、半分に下がることもある。

第1章　外資で働く

ボーナス（Short Term Incentive）

　大手の日本企業の年間ボーナスは月給の概ね4～6か月分であるが、具体的水準は春闘で決まる。会社の支払い総原資を決めてから各人の配分を検討するプロセスのため、個人の給与に基づいて支給額をクリアに計算できるケースは多くはなかろう。職能給に基づく等級制度を採る会社なら、等級毎の基準額を決め、個人評価によりプラス・マイナスすることになる。支給金額を見ても自分がどのような評価をされているのかが分かりにくく、モヤモヤした気分になる。

　外資系企業では、ボーナスのことをショートターム・インセンティブ（ＳＴＩ、Short Term Incentive、短期インセンティブ）と称し、個人の給与に基づいた単純な計算式で算出する例が多い。

　たとえば、月給の12か月分を固定年収とし、ＳＴＩ＝固定年収×○％で計算する。比率は、職位や責任の重さに応じて高くなるが、10％から50～60％の範囲に収まることが多いだろう。
　評価項目とウエイトのサンプルを下表に示す。

【図表12】

区分	ターゲット項目	ウエイト
（親会社）企業グループ目標	ＥＢＩＴＡ（営業利益）	10％
会社／部門目標	ＥＢＩＴＡ（営業利益）	15％
	ＧＰ（粗利益）	15％
	Revenue（売上）	10％
個人目標	○○○	20％
	△△△	15％
	×××	15％
計		100％

　売上・利益といった会社や部門の財務目標と個人の目標を、合計が100％になるようにウエイト付けする。年度初めに上司と部下が話し合い、合意の上で署名をするところがポイントであり、「労働は契約である」こ

とを思い起こさせてくれる。ガラス張りだからやりがいも出てくるし、会社業績悪化によりボーナスが減っても一応の納得性は得られる。

　目標（ターゲット）を100％達成すれば、予定通りの金額がもらえるが、未達や過達（オーバー・アチーブ）の場合の計算式もオープンにされている。例えば、達成率が80％未満ならボーナスが出ないが、110％達成すれば1.5倍、120％なら2倍のボーナスをもらえるといった具合である。

　日本企業と外資系企業のどちらのやり方が良いかを論ずるつもりはないが、会社に一蓮托生し、長期にわたって自分の処遇と成長を預けるつもりなら、日本企業の「どんぶり方式」は必ずしも悪いとは言えない。報酬と評価の関係が常に明確でないと我慢が出来ない人は外資系に向いている。ただし、雇用を含め労働条件が不安定であるリスクがあることも考慮する必要がある。

転職と年収

　転職を検討する際に優先すべきポイントは、年収、仕事（職種）、職場環境、社風等色々ある。人により、そのときの状況により優先順位は違ってくるが、生活の基盤となる報酬水準は常に重要な判断要素になると筆者は思っていた。わけても外資系で転職を繰り返す人には自信家が多いので、年収が下がってでも転職する人はいないだろうと思っていた。

　しかし、採用面接をしていると、年収が下がっても転職したいという人にお目にかかることがある。中には、100万円以上あるいは2割以上下がっても転職したいという人がいる。在職中の会社（職場）は個人主義が強すぎてチームワークがなく虚しさを感じたとか、自分の意見が海外本社に全く聞き入れられずやりがいを感じられないといったようなケースである。

　「処遇については御社の規定に従います」と白紙委任をしてくる人もいる。極端な過重労働や、ぎすぎすした人間関係、風通しの悪い社風等、切羽詰まった理由があるのであろうが、共通して言えるのは、一刻も早く今の環境から逃げ出したいと思っていることである。

44

第1章　外資で働く

　年収が下がるのを覚悟で応募してくるもう一つの理由もある。それは、実力以上に高い報酬をもらい背伸びをしていることに本人も気づいていて、分相応の年収で落ち着いて仕事をしたいと願うケースである。外資系では、同じような実力と思われる人材の年収に倍・半分の開きがある例に出くわすが、実力以上の高額の報酬をもらっているとリストラの対象にもなりやすい。

　伝統的な日本の大企業の年功的な賃金制度が必ずしも良いとは思わないが、外資系の賃金相場はばらつきが大きすぎ、これまた問題である。一旦実力以上の報酬をもらうと自らの実力を勘違いしかねず、後々苦労することにもなりかねない。もう少し実力や経験に見合った秩序ある賃金相場が形成されれば良いのにと思う。

福利厚生

　人生をやっていると、失ってありがたさを知るものに出会うことがある…。昔の恋人、別れた配偶者、先に逝った大切な人々等…。日本の伝統的な大企業の福利厚生制度にもそのようなものが多い。エジソンをルーツとする米国の名門企業との合弁会社の労働条件の交渉をする際に、先方の人事部長に「羨ましい」と言われてこのことに気づかされた。

　例えば、
・労働災害付加補償
・（企業グループで加入する）団体生命保険・傷害保険制度
・休職期間
等である。

　労働災害になれば、国の労災保険から補償されるが、障害認定が確定し具体的な金銭補償がなされるまで長く待たされることが多い。日本の大企業では、窮状に陥った社員と家族を支援する趣旨で「労働災害付加補償制度」を設け、死亡の場合には3000万円以上を支払うようにしているところが多い。遺児がいる場合、成人まで返済免除の奨学金を支給する会社もあった。外資系企業の場合、ここまで手厚くしているところは少ないだろう。

45

連結で万単位の社員を抱えるほどの日本の大企業であれば、生命保険会社と団体特約契約を結び、グループ社員と家族を対象とした格安の生命保険・傷害保険を提供するところが多い。なかには、定年後、70歳になるまで加入を認めるところもある。外資系でここまで用意しているところは極めて少ないのではないか。

　人間である以上、病気や怪我で長期療養をすることもある。疾病の種類や勤続年数にもよるが、日本の伝統的な大企業では、最長で3年程度の休職を認めるところがある。休職期間中は原則として給与は支払われないが、雇用契約が継続する安心感が本人と家族の復帰への意欲を支える力は大きい。短期間での業績に重点を置く外資系では1年程度が標準で、それ以上長い休職を認めるところは多くはないのではないか。

　これらの手厚い制度は、社員が安心して長期にわたり働く基盤となるが、在職中にこれらの大切さに気づく社員は意外に少ない。会社にとってこれらは給与とは別の隠れた労働コストになる。外資系の給与のほうが高く見える場合でも、福利厚生も含めて総合的に比較しないと実質的にどちらの処遇条件が良いかは分からない。表面的な給与の高低だけに目を奪われて転職するのは危険である。

 【コラム】個室

　日本企業に勤めていた頃、同じ企業グループの課長級の知人が外資系企業に転じて個室をあてがわれたという話を聞いた。「外資系とはすごいところだな」と感心したのを記憶している。

　当時勤めていた日本企業は、業績悪化の影響もあり、年を追うごとに役員の個室が縮小され、専務執行役でも一坪程度の鳥かごのよ

うなパーテーションで囲うだけになった。部下から姿は丸見え、声も丸聞こえで、秘密の打ち合わせなどやりようもない。

　大部屋勤めが必ずしも悪いとは言わないが、部下からすれば、「エライ」人がいつも隣にいて雑談の一つ一つまでチェックされていたら息が詰まって仕方あるまい。地位が上がるにつれて秘密の話も増えてくるから個室の方が打ち合せの効率は良いし、若手社員からすれば、自分も頑張ればあのようになれるかもという励みにもなる（そう思わない人もいるかもしれないが）。

　筆者が日本企業の部長職を辞めて、外資系の人事総務法務本部長に転じた際にも、個室を与えられた。部下の数は日本企業にいたときの半分以下に減ったが、本部長というポジションタイトルと部屋を与えられて悪い気はしない。

　個室の風景を参考に掲げる。
　ドアには手作りの行先明示版を掲示している（イラストレータ「葉ヶ竹霧」の作品）。基本は、オープン・ドア・ポリシー "Open Door Policy" であり、誰でも用事があれば自由に入ってもらってかまわない。

　日本企業の中には、ステイタス・シンボルを廃止し、見た目を平等にすることで従業員のモラールを上げようとしている向きも多いと思うが、行き過ぎればモラールダウンになりかねないことにも留意した方が良い。

（4）成長

人材開発プログラム

　外資系企業でも、人材開発の重要性は日本の伝統的企業と変わらないが、外資系に共通する特徴がある。

　第一に、人材開発のグローバル共通の方針は、グローバル本社で決められる。ただし、グローバル本社で関心があるのはサクセッションプラン（後継者育成計画）を念頭に置いた幹部クラスの社員であり、それ以外の社員教育のやり方はある程度ローカルの裁量に任されている場合が多い。

　第二に、グローバル主催の幹部育成プログラムは、英語が前提となり、英語のできない者への門戸は閉ざされている。
　医療機器メーカーの例を挙げるが、営業とサービスエンジニアを対象に、グローバル共通の製品トレーニングの体系が整備され、原則としてこの研修を終了しないと顧客対応をしてはいけないことになっている。トレーニングは全て英語で４段階に分かれ、第１段階はＥ－ラーニングでできるが、第２段階以降は海外出張による研修となる。最終段階まで終了すると「マスター」の称号を与えられ、勤務国内の従業員に対するトレーニング講師としての資格が与えられる。

　第三に、中途採用主体のため、個々の従業員の持っているビジネス常識や価値観のばらつきが大きく、どのレベルから教育を始めるべきかの判断が難しい。
　専門スキルは過去の経歴を見ればある程度推測できるが、いわゆる「人間力」や業務や人に関する「マネジメント能力」がどの程度あるのかは使ってみないと分からない。優秀だと思って幹部として採用してみたら、ピープル・マネジメント（人の管理）ができずに組織を壊しかけた例も見た。したがって、研修メニューとしては、専門スキルよりも、ヒューマンスキルに関わるものの重要性が高く、実施効果も高いと感じている。例えば、ＥＱアセスメント、360度フィードバック、エグゼクティブコーチング、チームビルディングなどである。

第1章　外資で働く

　もっと基礎的なものとして「管理の基礎」のようなメニューも大事だと思う。従業員が他社でどのような教育訓練を受けて今に至ったのかは会社には未知の世界であり、「（マネージャーだから）これくらいはわかっているだろう」と思いこまずに地道に教育していくことが人事部門には求められる。

　従業員の立場からすれば、前の会社で染みついたカルチャーが一般的に通用するものかどうかを振り返り、必要であれば修正する（新しいカルチャーに合わせる）姿勢が大切である。

　外資系企業での人材開発プログラムの例を参考に掲げる。

【図表13】

人材開発プログラム例

対象区分	目的・狙い	Local	Global
1. 経営幹部 （候補）	・Succession Planning ・Leadership 　& Management Skill	・リーダーシップ研修 （Executive Coaching 　　　　　　　他）	・Leading Leaders 研修
2. 管理職 （Director, Manager）	・People Management 　& Team Building Skill	・チームビルディング 　研修 ・360度フィードバック	・Leading people 研修
3. 新入社員 　若手社員	・ルール ・ビジネスマナー ・コミュニケーション 　ネットワーク形成	・入社 　オリエンテーション ・入社年次別チーム 　　ビルディング研修 ・メンタリング	
4. 全社員	・エンゲージメント ・チームワーク ・メンタルヘルス ・専門スキル	・ブレインヘルス 　　　　セミナー ・アンガーマネジメント 　　　　セミナー ・各種外部研修	・（Corporate）Value 　Workshop ・Product Training
5. 英語	・ビジネスに必要な 　英語スキルの習得	・英文ライティング ・英語プレゼン 　　　テーションスキル	

49

サクセッション・プログラム（Succession Program）

サクセッションプランニング（Succession planning）は、特定のポジションに対する後継者育成計画である。一般的な研修等を通じた人材育成と異なり、後継者としての潜在能力を持つ候補者に対し、必要となる業務経験、知識、トレーニングを積ませて長期的な計画のもとで育成することを目指す。

(中略)

サクセッションプランニングは、内部登用を前提とした制度である。

企業の経営方針や価値観に沿った優秀人材を育成するのは何年もかかることであり、彼らを定着させることで企業にとっては重要な知識経験の外部流出を避けることができ、コストセービングにもなる。優秀人材にとっては、会社の中で明確なキャリアパスを描いて働き続けるためのモチベーションになる。

（拙著：グローバル展開企業の人材マネジメント―これだけはそろえておきたい英文テンプレート―、経団連出版　より）

日本発のグローバル企業を対象に人材マネジメントの要諦を解説した本を書いたが、参考にしたのは欧米系グローバル企業のシステムである。企業の永続的発展にとって、主要なポジションの後継者をきちんと育てていくサクセッション・プランニングは極めて重要であるが、欧米系グローバル企業といえどもうまく機能していないところがある。トップの入れ替わりが激しすぎて後継者をじっくり育てている暇がないケースである（この点では、内部登用を前提にしている日本の大企業のほうが良いとも言える）。

一現地法人である日本の外資系企業にとって、サクセッション・プランニングがきちんとできていないことこそが、人材マネジメントの最大の課題であると筆者は考える。特に、社長の後継者育成が難題であり、本社の意向により1〜2年でころころ替わる会社は論外としても、10年以上の長期政権で社長の王国（Kingdom）を作ってしまうところも問題である。日本法人の社長に就任して実績を挙げたとしても、その次のポスト（アジ

第1章　外資で働く

ア太平洋地域やグローバル幹部のポスト等）に上がっていく道のりが険しいことから、自分の城を守る態勢に入り、本心から後継者を育成しようという気になれないこともある。優秀なナンバー2を早めに潰しておくこともやりかねない。長期政権の日本人社長が辞めた後はヘッドハンターを利用して外部から採ることになるが、外部から来た人が成功する確率は高くない。その会社の文化や人を理解するには一定の時間がかかるが、短期間に業績をあげないと株主が黙っていないからである。

　少数の大企業を除き、外資系企業のサクセッション・プランニングの現実は厳しいと言わざるを得ない。

挫折と成長

　"I remember vividly the last time I cried." で 始 ま る Bob Greene の Cut という小品を久しぶりに読んだ（Cheeseburgers:Kodansha English Library より）。
　12歳の時にバスケットボールチームの選手リストからはずされた回想に始まり、成功者にはそういう挫折体験をしている人が多いという例を淡々と綴っている。

　世の中で成功している人には、挫折経験をバネとして、がむしゃらに頑張って成功したケースが多い（少なくとも米国ではそうだろうと思う）。自らの意思で外資系を渡り歩きながら、ステップアップしてきた人の中にもこのようなタイプの人は多いように思われる。人の出入りの激しい外資では、外からやってきた上司に突然、「明日から、君はもう会社に来なくて良い」と言われ会社を辞めざるをえないことになる。「昨日までの上司とはうまくやっていられたのに…」と思うだろう。このような挫折経験が、次のステップへのばねになることは間違いないと思う。

　「"Those of us who went through something like that always know that we have to catch the ball. We'd rather die than have the ball fall at our feet."

"Once that fire is started in us, it never gets extinguished, until we die or have heart attacks or something."

このような挫折経験をした人は、野球のボールをしっかり捕らえなければならないといつも思っている。ボールを落とすくらいなら死んだ方がましだと。一度このような炎が心の中に燃えると、心臓麻痺や何かで逝ってしまうまでこの炎が消えることはないのだ。」

だが、色々な理由で転職を重ねているうちに、きちんとした軸を持てずに流されるだけの人生になってしまうことがある。今度こそお払い箱にされないように、との思いが強くなりすぎると、ひたすら上司のイエスマンを演じながら、下には専制君主としてふるまうような人間に落ちてしまうこともある。人格が最も試されるときである。

挫折感を埋めるべく頑張るとしても、やりすぎて体をこわしたり、達成できないことでさらに落ち込んでしまっては元も子もない。ほどほどが重要だし、ある種の諦観も必要だ。他人を変えることはできないが、自分が変わることはできる。今日一歩でも進めば、明日はまたやってくる。

この世に生を受けて生かされている恵みに感謝して、自分を愛し、心に平安を持って過ごせればと思う。

You are precious to me.
You are honored, and I love you.
わたしの目には、あなたは高価で尊い
わたしはあなたを愛している
イザヤ書 43 章 4 節

【提言】日本企業と外資系の疑似ローテーション

　多くの外資系の人材は、新卒時に日本企業で数年働いた経験を持っており、外資での経験を生かして日本企業に貢献したいという思いを強く持っている。このため日本企業を出自とした経営人材が複数の外資系企業を経て日本企業に戻る"ブーメラン"現象も増えている。
　エゴンゼンダー　岩田健一、日経産業新聞 2016 年 2 月 12 日

　日本の伝統的大企業と外資系企業とでは人材マネジメントの手法は異なるが、どちらにも良い点と改善すべき点があるのは、これまで縷々述べた通りである。

　双方の良い点を学ぶ機会があれば、これから益々必要とされるグローバル規模での効果的な人材マネジメントを行う上でも有効なのだが、現実には難しい。日本企業を辞めて外資系に転じた人材が再び日本企業に戻ってくるケースは (経営トップ人材は別として) 多くはないからである。
　理由は、一般に日本の大企業は転職した者に不寛容で、再び戻ってくるのをよしとしないことや、外資系グローバル企業で経験した価値の大きさを理解していないことが考えられる。転職者からすれば、リスクはあってものびのびと力を発揮できる外資に転じた後に、年功序列の窮屈な日本企業に戻りたいと考える人は多くないであろう。

　日本の労働市場における外資系企業の規模は極めて小さく、人材の主たる供給源は日本企業である。一部の大手を除けば新規学卒者を採って育てようとする外資系企業は少なく、日本企業で育てられた人材を中途採用することで外資系は成り立っているといって過言ではない。

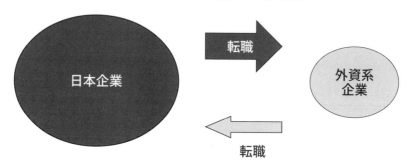

【図表14】
日本企業と外資系企業間の人材移動

　日本企業の人材育成制度の強みの一つに、ローテーションがある。企業グループの中で定期的な人事異動や在籍出向を行うことで様々な経験を積ませて成長させる仕組みであり、この中から将来の経営者も生まれてくる。この<u>ローテーションの中に、資本関係の全くない外資系企業での経験を含むことができれば日本の伝統的大企業が真のグローバル企業になるためにふさわしい経営人材の育成に有効</u>だろうと思う。

　<u>これは正式なローテーション制度ではなく、日本企業を何らかの理由（大抵は不満）で辞めて外資系で活躍する優秀人材を再び呼び戻そうとする日本企業側の意思と度量の問題である</u>。欧米や中国他のグローバル企業との競争が激しさを増す中で、自分の会社のことしか知らない内部エリートだけで会社を引っ張っていける時代は終わったと思う。日本の経営者は早くこのことに気づくべきである。

　優秀な人材であれば、どんな理由でどこに行ったとしても、成長した後に呼び戻すための労力を惜しまない会社こそがこれからのグローバル競争の中で生き残っていくことを確信している。

第1章　外資で働く

（5）組織・命令系統

"Report To" と "Direct Report"

　外資系企業で生き抜くには、直属上司（Report to ＝報告先）と直属の部下（Direct Report）をきちんと認識し行動することが必須となる。"Report to" の対象たる上司から業務指示を受け、報告する義務を負う。"Direct Report" たる部下との関係も同様であり、直接指示を出し、報告をもらう。何人の直属部下を持つかが仕事の責任の重さをはかる目安にもなる。

　日本の大企業で長く勤務していると、承認を要する業務案件について、他部門の関係者に事前に「根回し」をしたり、上司を飛び越え斜め上の幹部とコンタクトするのはよくあることだが、外資ではこのような行動にはリスクが伴う。人事評価やボーナス（Short Term Incentive）査定、（日本での発動は稀な）解雇権を始めとして、直属上司が持つ権限は大きく、命令系統を逸脱したととられると円滑に業務を進めていくことは難しい。

　軍隊のようで窮屈に思えるかもしれないが、命令系統の原則を肝に銘じた上で日々の行動を律していけば、これはこれで効率的でもある。「根回し」的なものがなければ物事はうまくいかないのは洋の東西を問わない真理であるが、上司をないがしろにしたととられるような行動は慎むべきである。

　ちなみに、外資系企業ではマトリックス組織が一般的であり、複数の上司を持つことになる。日本法人の人事責任者の例で言えば、日本法人の社長と、APAC（アジア太平洋地域）またはグローバル人事部門の責任者が上司になる。第一に Report すべきは、組織図における「実線上（solid line）」の上司となり、第二に Report するのが「点線上（dotted line）」の上司となる。

55

【図表15】

外資系企業の組織図サンプル：Organization Chart (APAC HR)

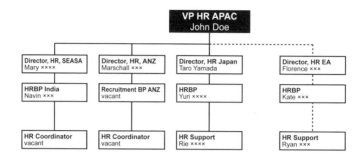

　組織図上では実線と点線の違いでしかないが、誰が直属上司かを明示する点で、本人にとっても関係者にとっても大きな意味がある。

マトリックス組織

　外資系企業のグローバル組織はマトリックス（Matrix）になっていることが多い。

　一般の組織が機能別、事業別、地域別等の一つの基準で編成されるのに対し、マトリックスは二つの基準を組み合せて編成した組織のことを言う。たとえば、縦軸は地域別、横軸は事業部毎にまとめた組織がこれに該当する。

【図表16】

マトリックス組織の例

	北アメリカ	南アメリカ	欧州	中近東・アフリカ	東アジア	南アジア・東南アジア・ANZUS	日本
A事業部							
B事業部							
C事業部							

第 1 章　外資で働く

　筆者の例で言えば、地域としての日本法人が縦軸となり日本法人の社長
にリポートするが、同時にグローバルの HR（人事組織）の一員として、
グローバル HR 幹部にもレポートをする。

　マトリックスで働くことは、直属の上司が複数になることを意味するか
ら、単一の組織で働く場合よりも、上司とのコミュニケーションに神経を
使う。上司間の意見に食い違いがあるときに双方から指示を受けた場合、
あちらを立てればこちらが立たずになり、コンフリクト・マネジメント
（Conflict Management）の実践の場になる。

　縦と横の組織だから交点はたくさんあり、調整が必要になるし、時間も
取られる。例えば、地域軸としての日本からグローバル事業部に多数の新
製品開発の要請をしても、事業部としては日本のためだけにそんなに新製
品開発の予算は充てられない、結果として日本市場でのシェアを失う、な
どいうことが起きる。問題解決ができるか否かは、その役割・ポジション
に配置された人材の力量によっても変わってくる。

　縦割り組織のみによるサイロ・メンタリティー (Silo Mentality) を避け
る上では、マトリクス組織に意義はあるが、人の配置を含む運用次第で成
果は変わってくることを心に留めておく必要がある。

　（注）コンフリクト・マネジメント：コンフリクト（conflict）、すなわち、「意
　　　見や利害の衝突、葛藤、対立」という組織運営においてネガティブに評価さ
　　　れがちな状況を、組織の活性化や成長の機会と捉え、積極的に受け入れて問
　　　題解決を図ろうとする考え方をさす。

57

親会社と子会社

　グローバルをまたにかけて活躍したいと希望する人が、そのステップとして外資系企業に入社するのは、現実に照らしてみれば必ずしも適切な選択肢とは言えない。日本はグローバル企業の現地法人の位置付けに過ぎないからである。

　グローバルにおける日本市場のプレゼンスの大きさにもよるが、本社との直接のコンタクトが認められず、ＡＰＡＣ（アジア・太平洋地域）の本部（シンガポールや、香港のことが多い）を介してコミュニケーションを取らせる会社も多い。となると、日々の対話の相手はシンガポールや香港駐在の外国人幹部になり、海外出張もＡＰＡＣの中で済ませることが基本になる。APAC の意向で、日本の組織が変更されたり、廃止されたりもする。日本の開発拠点を廃止して中国に移すといった決定がされれば大量の余剰人員を抱えることにもなり深刻な事態となる。

　欧米系グローバル企業であれば、ローカル採用で入社しても実力を発揮すればグローバル本社へ異動させるシステムを整えているだろうが、よほど優秀でないと異動できる確率は高くない。

　それよりは、海外展開をしている日本の大企業に入社したほうが、グローバル規模での活躍のチャンスは格段に大きい。親会社の立場で、世界各地に赴任できるからである。問題は、英語を基本としたグローバルレベルの人材マネジメントシステムが十分にできていないことである。この辺りの課題を克服するためのヒントとして、「グローバル展開企業の人材マネジメント―これだけはそろえておきたい英文テンプレート」を上梓した（経団連出版、2017 年 7 月）。興味のある方は、そちらをご参照いただきたい。

外資系企業の社長

　社長の仕事は大変だと思う。外資系企業の日本人社長ともなると、なおさらである。グローバル本社と国内の板挟みになるからである。

【図表17】

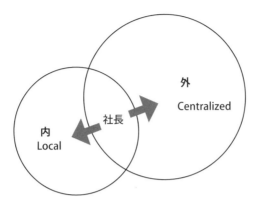

外資系企業の社長の立ち位置

・人心掌握（社員のEngagement）
・社内求心力
・目標（Target）達成のリード
・Local（日本）の独自性追求

・Global本社の戦略・方針の順守
・Global本社によるガバナンス・統制・管理
・Global幹部とのコミュニケーション
・Global幹部への業績の定期的報告とフォローアップ

　ローカル（日本）の文化とやり方を重視し、国内従業員の声に耳を傾けながら経営のかじ取りをしていると、国内従業員からは慕われるが、グローバル本社から横やりが入る。「日本には独特の商慣習や文化があるから、やり方は任せてくれ」と言えるのは、業績を伸ばしている間だけであり、右肩下がりになった途端に強力な介入が入る（社長自体がクビにされたりする）。

　グローバル本社の方針や目標管理に過度に追随しすぎると、国内従業員から「あの社長はイエスマンだ」と言われる。数値目標を達成しなければ社員の雇用も守れないから、本社の方針・目標を達成するために厳しい業績管理をすることは必要なのだが、かじ取りのさじ加減を間違えると、社員の厳しい批判にさらされ、優秀な人から順に社外へ去っていく。日本の大企業のサラリーマンほど会社に対する忠誠心が高くないからだ。

　外国人の社長がExpatriate（出向者）として赴任してくる場合は、言葉や文化を含め、別の問題が出てこよう。日本語のできない外国人社長に全ての稟議の決裁をしてもらう労力を考えると気が遠くなる。

どこまでイエスマンを演じれば良いのか（7：3の法則）

　サラリーマンをやっていく上で、上司との関係ほど難しいものはない。

　外資系企業では、直属上司が自らの処遇に及ぼす影響が強いので、日本企業にいるとき以上に上司の顔色を窺う。事実、採用面接で過去の転職理由を聞くと、上司が替わったことを挙げる例が極めて多い。

　新たな上司とうまくやっていくために、ひたすら「イエスマン」を演じる輩がいるが、無論、これではダメである。上司が間違った判断をしたときでも「ハイハイ」と言うことを聞いていたら、組織として悪い方向に行くだけだからである。

　上司の指示や命令に一々反駁するような部下でも困る。こんな部下は上司として使いづらくて仕方がないし、組織効率も良くない。部下の部下からすればどちらの上司の言うことを聞いたら良いのか迷うばかりでチームとしてのパフォーマンスも落ちる。

　筆者の経験では、7：3くらいの感覚で上司の指示・命令に対して、「イエス・ノー」のコミュニケーションをするのが良いと思われる（これを勝手に「7：3の法則」と呼んでいる）。7割くらいは素直に指示通りに動くが、3割くらいの頻度で修正・反対の意見や提案をする。良識ある上司であれば部下からの苦言・提言を聞く耳があり、その結果良い結論に導くことができれば組織として良いパフォーマンスを出すことができ、最終的に上司と本人の評価も上がるはずだからである。ロボットのような「イエスマン」だけを部下に持ちたいと思う上司はそう多くはないであろう。

　問題は、良識ある上司かどうかの見極めである。ここを読み違えると、誠意を持って提言したつもりが、うるさい部下と疎まれて追い出されてしまうことになる。もっとも部下から上司のタイプを診断することはそう難しくはない。周囲に対する上司の言動を観察していれば、彼が「イエスマン」か否かは分かるものである。不幸にして救いがたい「イエスマン」の上司と巡り合ってしまったら、これも修行と思って我慢するか、転職するかの選択をすることになる。

ドラマ・クイーン（Drama Queen）

　外資系企業に来てから、ドラマ・クイーン（"Drama Queen"、または、"Drama King"）なるものの存在を知った。
　ドラマ・クイーンとは、「ドラマのヒロインのように芝居がかった感情的な行動を取る人、物事に対してオーバーリアクションを取る人、些細な事柄をさも大事のように誇張して語る人」のことを指すスラングである。

　日本の伝統的な大企業にも、ドラマ・キングのような人はいたが、「あの人は仕方ない」と周囲が諦めて、注意して接していれば大体ことは済んだ。大きな組織では衆人の目があり、あまりに変な言動を続けていれば、噂はトップに伝わり、それなりの人事的措置が発動されて管理職・経営職からは淘汰されていくからだ。

　中小規模の外資系企業となるとそうはいかない。人材自体が少ないことから、多少行動に問題があっても仕事ができれば我慢して使う例が少なくない。採用面接をしていると、Drama Queen や Drama King がトップを務める部門から、人材が社外流出し部門崩壊の危機に至る話をよく聞く。

　しかし、どんなに仕事ができても、「ヒトとしてなっていない」人を組織のトップに置いておくことは問題である。些細な事務ミスをしただけでおおげさに騒ぎまくるような上司の下では、部下全員が悪い影響を受け、職場の士気は下がり業務の効率も下がる。上司のいるところでは本音の話や冗談も言えない暗い雰囲気になれば組織と事業の成長は望めない。グローバル本社が、ローカルのこういった現象をよく観察し、取り返しがつかない状態になる前に是正措置を採ることが、企業のガバナンスとしても必要である。

　Drama Queen（King）は、これまでの生い立ちや過去の体験の影響から、

常に過剰な注目を浴びないと落ち着かない精神状態になっていると思われ、社外の専門家によるカウンセリングやコーチングを受けて状態を改善することが必要である。能力以上に背伸びをし、虚勢を張って人生を送っている可能性があり、このような状態の人を組織のトップに置き続けることは、本人にとっても会社にとっても良くない。

グランド・ペアレント・プリンシプル（Grand Parent Principle）

外資系企業に入社して気づいたのは、処遇制度の基本的な考え方は日本企業とそれほど変わらないということだった。日本で事業を行い、優秀な日本人を惹きつけるためには、退職金のような長期的インセンティブが必要だし、短期的成果に報いるボーナスも必要だからどちらの仕組みも整えている。数値目標を主体とするボーナス等の評価プロセスは日本企業より公平で透明性が高いという長所もある。ある外資系企業の処遇制度の特徴を以下の図に示す。

【図表18】

外資系企業の人事処遇制度の特徴（例）

○○社の評価・処遇制度は、長期的視点に立つ日本企業的な良さと、ダイナミックな評価・処遇で報いる外資系企業の利点をバランスよく組み合わせている。

1. 長期的視点の報酬制度：　　　固定年収、退職金

2. 短期的視点の報酬制度：　　インセンティブボーナス（STI）

数値目標主体の透明性の高い算出方式

3. What（成果）＋How（プロセス）で評価

What は、Performance Review（目標管理）や STI(Short Term Incentive) で、
How は、○○社の Core Value（＝仕事の進め方）で評価

4. Grand Parent Principle（複数上長による評価プロセス）

直属上長のみの評価だけでなく、上位上長や経営幹部の合議により評価を決定

外資系だから、成果だけで評価するというわけではなく、会社の掲げるバリューに沿った行動によって成果を出したのかというプロセスも評価の

対象にする。バリューの項目の一つに「協力（Collaboration）」があるとすれば、周囲と協力せずワンマンプレイで成果を出しても評価はされないということだ。成果のみを強調しすぎると組織効率を無視した個人プレーに走りがちになるので、バリューによる評価を入れることで牽制とバランスをとることができる。

　もう一つの特徴として、筆者が勤める会社の例では、"Grand Parent Principle" というものがある。部下の評価を直属上長だけで決めずに、上位上長の評価（同意）によって最終決定するという原則である。日本の伝統的大企業のように全てのプロセスを合議で決める企業文化では、部下の人事異動や評価についても複数上長が関与するのは当たり前であるが、外資系においてこの原則が導入されていることには大きな意味がある。

　人材流動性が激しく、上長との組み合せも頻繁に替わることが多い外資系企業で、直属上長に全ての決裁権を与えてしまうと、依怙贔屓（Favoritism）や短期的視点のみの偏った評価になるリスクがある。安心して長期的に働くためには重要な要素だと感じている。

【コラム】外資系に就職すればグローバルに活躍できるのか？

　外資系企業に就職すればグローバルに活躍できる舞台がそろっているかと言われれば、答えはノーである。
　日本はグローバル企業の現地法人（Legal Entity）の一つに過ぎないからである。あくまでも子会社の立場である。制度としては、国を超え転勤や昇進の制度はあるが、実現できる確率は高くない。

　それよりは、日本の大企業でグローバルに拠点を展開しているところに就職したほうが良い。グローバル規模で転勤し、海外経営をしてみたい人にはこちらがお勧めである。早いときは20代後半くらいで海外勤務を命じられることがあるが、国内にいたときのポジションより2階級特進になる。国内でヒラ社員に過ぎなかったのに、人事経理担当のジェネラル・マネージャーとなって何人もの部下を使う経験ができる。会社からすれば幹部育成のための教育投資的な側面もある。若いうちにこのような経験をさせて、ふるいにかけ、グローバルに向いている人材を選定し、その後2回、3回と高い立場に変えて海外勤務を命じられることが多い。やがては、グローバル事業担当の幹部や社長に昇進することも夢ではない。

　日本企業で海外勤務を経験した者が帰国すると、逆カルチャーショックを受けることがある。国内の閉鎖的な環境に嫌気がさして転職してしまうことがあるがもったいないことでもある。海外経験者の立場で一つずつ改革していける部分はあるし、自分も成長できる。この忍耐力を持たない人が、外資系に転じてグローバルに活躍できると考えるのは甘すぎると言ったら言い過ぎであろうか。

第1章　外資で働く

（6）会社生活

英語

　グローバルを標榜する日本企業の現実は、英語のできない上司のサポートをさせられる英語人材が便利屋として消費され、出世のしにくい構造になっているのではと思う。外資系に転じて驚いたのは、ここでも上級管理職を除けば、従業員の英語レベルは低いということであった。理由はいくつかあると思う。

1．必要性：外資系企業のターゲットとする市場は日本であり、顧客は日本人であるから、日々の業務では英語を使う必要が少ない。

2．動機付け：人事考課は仕事の成果に基づき行われる。若いうちは仕事で成績をあげれば昇進できるから、英語を真面目にやろうという気持ちが起きにくい。昇進してから、突然、英語の使用を求められて慌てることになる。

3．基礎学力：語学力は基礎学力にリンクする。日本の企業ピラミッド構造の中では、日本の大企業に優秀人材が集まり、中小企業主体の外資系には学力の高い人材は相対的に集まりにくい。

4．シャイ（Shy）な性格：TV等では海外の情報番組が溢れており、多くの日本人は喜んで見ている。しかし、顔と顔を合わせて、英語でコミュニケーションを取るのは引いてしまう。「通じなかったらどうしよう、きれいな発音でなく馬鹿にされたらどうしよう」などと思ってしまうからだ。英語ネイティブでない海外の要人の英語を聞いてみれば、英語は通じればOKということが分かりそうなものだが、多くの日本人にとって、英会話学校で教わる「完璧な」英語が話せないことは「恥」になってしまう。

　日本を代表する超大企業が主催する、2週間のグローバルリーダー育成研修に参加したことがある。日本人・外国人が半々で、業界を代表する世

65

界の一流企業出身者が参加し、講師はハーバードビジネススクールの教授連。プログラムは、インド人や西洋人を中心に白熱した議論で満たされたが、概して、日本人を含む東洋系はおとなしかった。参加者の中に、知人の日本人で米国勤務経験が5年、TOEICは950点以上の人がいたが、研修期間中、一言も発言がなかった。彼よりは英語力で劣ると思われる日本人がそれなりに頑張って発言する中で、2週間沈黙を守り続けたのが不思議でもあった。研修が終わった後、一杯飲みながら「あなたほどの人がなぜ、一言も発言しなかったのですか?」と聞くと、「いやいや、私が発言しようとすると、いつも○○(筆者)さんが先に言いたいことを言ってしまうので…」という返答。

本当の理由は、「こんなことを言って恥を書きたくない」というプライドと、この研修期間を大過なくやり過ごせば良いだろうという保身によるものだろうと邪推する。会議(米国流の研修は、会議の一種である)は発言しなければ出席している意味がない。日本人の学校秀才にはいまだにこのような人が多いのではないだろうか。

会議での発言

会議とは、あるテーマについて議論を交わし結論に導くための場である。10人以上の規模になると、一方的な伝達の形にならざるを得ないこともあるが、原則は議論するための時間である。人の話を一方的に聞くだけなら、社内イントラネットやメールでこと足りるし、時間の節約になる。

日本の大企業では、この原則が忘れられた「御前会議」が多いのではなかろうか。社長や、○○本部長のメッセージを、参加者全員が拝聴する…お話が終われば会議は終了、というパターンである。

外資系の場合は、明らかに違う。CEOによるタウンホールミーティングの場合でも、プレゼンの後には必ず質疑(Q&A)の時間が設けられ、誰でも質問をする機会が保証されているし、実際、ヒラ社員も遠慮なく質問する。オフィシャルなコミュニケーションの場では、参加者が発言できる機会を保証するという鉄則が外資系では守られている。上下の差は関係ない。

会議の場で発言しない人は評価されない。

管理職で、いつも発言しないようだと会社から退出勧告されることもある。

グローバル規模のプロジェクトのコーディネーターとして参加した外国人幹部の例を挙げる。周りで熱い議論をたたかわせている会議の中、彼は黙って様子を見ているだけだった。まるで弁当を食べるためだけに飛行機に乗って日本に来ているようだった。何回目かのプロジェクト会議が終わり帰国した翌日、現地で上司に呼びだされた彼はその場でクビになった。数日後、彼からプロジェクトメンバー全員に「グッバイメール」が送られてきた。「一緒に参加できて楽しかった」とはあったが、本当の理由は書いていない。読み手が、文章のトーンから察するしかない（外資では文面から、起きた出来事を察するスキルが必要である）。

彼の役割は別の幹部に引き継がれ、何事もなかったかのようにプロジェクトは続いた。

署名（サイン）

外資系企業に転じて最初に上司から指示された仕事は、社員の給与改定通知に署名（サイン）をすることだった。名前をそのまま漢字で書くかわりに、他の人に真似されないユニークな記号を考えることが期待されており、頭を悩ませた。日本企業に勤めていたとき、社内稟議や決裁文書には全て職印（下図のイメージ）を使用しており、サインなどというものをしたことはなかった。

【図表19】

全てを署名で済ませる文化に移ることはカルチャーショックでもあったが、慣れてしまえばこちらの方が楽であり、他人に真似されることはないという点での信頼性も高い。もっとも、毎日サインをしているのに書くたびに形が変わってしまう不器用さには我ながら呆れてもいる。筆者には職印のほうが向いているかもと思うこの頃である。

オフィスの風景

　勤務先の外資系企業の東京本社には、スウェーデン人、ニュージーランド人、モンゴル人、インド人が勤務している（かつては、フランス人もいた）。だが、グローバル本社から出向者（Expatriate）を送り込まれる場合を除けば、外資系企業に外国人が勤務することは必要条件ではない。日本市場で日本人を顧客に商売するためには、日本文化を熟知し日本語を十分に話せる人材でなければ仕事ができないからだ。良い人材を採用したらたまたま外国人だったということに過ぎない（彼らは基本的に日本語が話せる）。

　日本企業にしか勤めたことのない人は、外資系には多数の外国人が勤務している風景を想像するかもしれないが、会社立上げの時期を除けばそのような会社は少ないと思う。日本企業から海外へ派遣する場合と同様、ローカル（現地）採用に比べ、出向者の人件費は高くつく（2倍前後と見た方が良い）。社長や財務責任者等の経営者は別として、現地（日本）事情に疎い外国人をたくさん派遣してもコストに見合う経済効果が出るとは思えない。

　出張ベースでは、ビジネスミーティングなどのために毎週のように外国人幹部がやってくる。廊下やトイレですれ違いざまに挨拶したり、社員カードがないと入れないドアの向こう側から、狼狽しながらアイ・コンタクトしてくる彼らのためにドアを開けてやったりする。北欧系企業でもあり190cmを優に超える大男がその辺をうろうろしているが、慣れてしまえば日常になる。それが人間というものだ。

　ちなみに、オフィスレイアウトは基本的に個人毎にパーテーションで仕切られ仕事に集中できる環境にしてある。一度このような環境で働くと、日本の伝統的なオフィスのような大部屋の環境に戻ることは、丸裸にされるようで精神的苦痛となる（日本のサラリーマンを扱うTVドラマにはいまだに大部屋風景が出てくるから、実態はあまり変わっていないだろうと思う）。

第1章　外資で働く

　最後に、労働時間について一言。

　日本政府は「働き方改革」を標榜し、大手の日本企業もそれに呼応して色々な策を発表しているが、外資系企業で労働時間の長さで個人評価をするところはまずないだろうと思う。会社として、労働の効率化は真剣に考えなければならないが、上司に気兼ねをして先に帰りにくいというカルチャーはないと思う。夜の一定時刻になったら一斉消灯して帰宅させるなどという、「皆で渡れば怖くない」式の日本的な方策を採る気にはなかなかなれない。

イベント（社内行事）

　外資系企業では、従業員を社内顧客として大切に扱い、彼らのエンゲージメントを高めることで会社の業績を上げて発展させようとする志向が強い。

　日本企業にも同様の姿勢はあると思うが、従業員がイベントを楽しんで明日へのやる気を高める効果より、形にこだわり「儀式」に堕している面がある。大部屋に社員全員を集めて行う新年の社長挨拶などはその一例であろう。事務局が一言一句をチェックした原稿を、抑揚のない声で読み上げて、万歳三唱の後に解散…、要するに退屈な時間なのだ。

　外資系企業の海外本社幹部は頻繁に日本にやってくる。GDP で世界3位の日本市場だからである。CEO が来日する際は、従業員全員を招集してタウンホールミーティングを行うが、全員強制というわけではなく、都合のつく者が参加すれば OK ということになっている。

　プレゼンテーションの後の Q&A では、参加者から自由に質問を受け付け、その場で回答する。

　全社員を対象に、新年度の方針を徹底するための「キックオフ・ミーティング」を開く外資系企業も多いと思う。ホテルの大ホールを貸し切って、海外からのゲストを含む幹部による方針説明を行い、終了後は、立食パーティーで全員をもてなす。ミュージシャンを呼ぶなどしてエンタテイメント性を高める工夫も怠らない。顕著な業績を挙げた社員に報いる社長

賞他の表彰も行い、高級時計や賞金を渡す。海外旅行を副賞にしている会社もあると聞く。従業員のやる気を高めるために、周りから認められること（Recognition）の重要性を外資系企業はよく理解していると思う。

　勤めている会社の昨年のキックオフ・ミーティングでは、スウェーデン大使館内にあるノーベル・ホールという名のオーディトリアムを使わせてもらった。ミーティングの後は、大使の挨拶で始まるスウェーデン料理の立食パーティである（料理があっという間になくなるほど盛り上がったのを記憶している）。海外から招かれた幹部は、日本語ができなくても、参加者の一人ひとりに声をかけて談笑する。礼節を汚さない限り、上下関係は意識しなくて済むのが良い点である。

　他にも年度中に必要に応じ、全社や部門単位のミーティングを行うことがある。業務上のイベントに合わせたリゾート地でのミーティングや、チーム対抗ボーリング、ディナークルーズなど、エンタテインメント性とサプライズに配慮する。

　日々の仕事には厳しさが必要だが、「楽しくなければ会社じゃない、働き続ける意味がない」という共通了解が、外資系企業にはあるように思う。従業員の気持ちをつなぎとめ、やる気を高める工夫を続けない企業からは人が去っていき、衰退することになることを知っているからである。

ダイバーシティ（Diversity）

　グローバルに事業を展開する企業では、人種・国籍・年齢・性別等を問わずに人材を活用することが当然とされている。多様性を「競争優位」の源泉として、組織全体を運営する、ダイバーシティ・マネジメントを行っているからである。日本企業から外資系企業に転じて肌で感じるのは、ダイバーシティーについては外資系の方が進んでいるということである。

　年齢については、管理職に登用する際に年齢を気にすることはほとんどない。ポジションにふさわしい優秀人材と判断すれば、20代でも管理職に登用することはあるし、日本企業を定年退職した60歳以上の人を幹部管理職として採ることもある。今、勤めている会社はスウェーデン系であ

第1章　外資で働く

るが、親会社のＣＥＯは、昨年ヘッドハンティングした40代前半の人である。ほとんどの直属部下は彼より年上になるが、まあそんなものだろうと受け入れているのだろうと思う。

　国籍は色々だが、親会社の色が多少出る。欧州系だと母国出身者や白人中心で固めるケースがあるかもしれない。親会社がドイツからスウェーデンに変わって以降、他の欧米諸国出身幹部からスウェーデン人幹部に徐々に入れ替わっていくさまを見た。米国系企業の実態は詳しく知らないが、訴訟リスクが高い社会ゆえに、ダイバーシティへの配慮はもっとあるのではないかとも思う。

　性別については、日本は国際比較で見ても管理職に占める女性の登用比率が極端に低く（2013年で11.2%（総務省統計局労働力調査））、35%から40%以上になっている米国、フランス、スウェーデン等の欧米諸国に大きく後れを取っている（「成長戦略としての女性活躍の推進」経済産業省経済産業政策局経済社会政策室、平成26年7月）。
　外資系企業は親会社の影響を受けるから、伝統的な日本の大企業より、女性の登用を進めやすいと言える。海外には女性幹部がたくさんおり、彼女らとコミュニケーションを取るのが日常の風景になっている。管理職を外部から採用する場合、男性を前提に考えはしない。実力本位である。ただし、今の組織（上司や部下）におけるフィット感は考慮する。どんなに優秀そうに見えても、ピープル・マネジメントに難があり、周りとうまくコミュニケーションができないリスクのある人は採らない（これは男性の場合も同じである）。

服装規程（Dress Code）

　服装規定（Dress Code）とは、さまざまな場所、機会、行事や催し物の場面で、その場面でしかるべきとされる服装のルールをいう。

　保守的な日本の大企業に勤務する場合に、服装規程（Dress Code）を意識することはほとんどないだろう。

71

新規学卒入社後の集合研修で服装を含むビジネスマナーの刷り込み教育を徹底して受けるから、職場配属後は、諸先輩方の服装を見習って目立ちすぎないように気をつけるからである。

　外資系では事情が異なる。中途採用主体のため、新しい人が入ってくる度に前の会社のカルチャーを持ち込んでくる。それは、服装の違いに端的に表れる。加えて、本社のある欧米と日本の文化は違うので、服装のセンスも異なる。海外幹部の女性の肌の露出度が、伝統的な日本企業では考えられないほど激しいケースもままある。

　従業員の共通認識が保障されていない外資系では、服装規程を定めて従業員に徹底しておくことに意味がある。放っておけば無秩序状態になりかねない。規程の例を以下に紹介するが、最も大事なことは、顧客視点である。私的な時間に何を着ようが会社の関知することではないが、ビジネスを行う場面では、顧客や世間一般の方々に与える印象を考え、節度をわきまえた服装にすることが期待されている。自由放任主義の外資系から転じてきた人の中には、このような常識を理解しない人がおり、職場風紀の点で管理者の頭を悩ませることがある。

第1章　外資で働く

*************************** Dress Code サンプル ***************************

○○株式会社 Dress Code（服装規定）

１．基本的考え方
(1) プロフェッショナルのビジネスパーソンであることを自覚し、仕事をするのに相応しい、良識ある服装とすること。
(2) 「お客様やビジネスパートナーに不快感を与えないこと」及び、「職場の上司・同僚・部下に不快感を与えない」ことを念頭において身だしなみを整えること。
(3) 就業中及び、通勤途上の災害防止の観点から、安全な服装を心がけること。

２．就業中の服装
(1) 清潔なものをきちんと着用する。
(2) お客様から見て「仕事に来たのか、遊びに来たのか」判らないような服装は控える。
(3) ビジネスマナーの点で不適切な服装例：
・Tシャツ等襟のないシャツ
・タンクトップ、シースルー等、極度に肌を露出した服装
・ジーンズ、半ズボン、丈の短すぎるスカート等
・アロハシャツ等、リゾート向きの派手すぎる服装
・奇抜な色に髪を染めたり、脱色すること
※夏季はクールビズ・スタイルを推奨しているが、その場合でも節度と品格をわきまえる。
(4) 就業・通勤の安全性から見た不適切な例：
・ストラップが付いておらず、かかとが浮いてしまう履物（スリッパ、厚底靴、下駄、ビーチサンダル等）
・ヒールの高過ぎる靴
・裾や袖等が大きく広がった服

３．顧客対応
　男性の場合、基本はスーツ・ネクタイ着用（クールビズ期間を除く）とするが、内勤者で顧客対応の機会がない場合や、先方がノーネクタイの場合等、ビジネスカジュアル範囲の服装で支障がない場合には、部門の責任者の判断により、ビジネスカジュアルでの対応も可とする。

４．その他
　適切な服装の判断に迷う場合には、本規定の記載内容を基本に、各職場の責任者が判断し、指示をすること。

以上

****

社内イントラネット

外資系企業では、社員向けのグローバル共通のイントラネットを覗くことができる。

提供される内容は、世界中の社員が共有しておくべきニュースや情報で、たとえば以下のようなものになる。

・ＣＥＯによるビデオメッセージ
・業績に関する速報
・グループ内幹部の人事異動
・新製品や新しいプロジェクトの紹介
・各種ルール・規程
・その他、全社員が知っておくべき情報

朝出勤してＰＣを立ち上げると最初に出てくる画面がグループイントラネットになるように設定されているので、グローバルで何が起きているかを確認してからその日の仕事に就く習慣になる。使用言語は英語で、ルールやバリューなど全社員が自国語で正確に理解すべきものに限り日本語を含む多言語で提供される。

勤務先の会社の外部向けのホームページ画面例を以下に示すが、社員向けのイントラネット画面のイメージも似たようなものである。

【図表20】

第1章　外資で働く

イントラネットをチラ見する毎に外資系に勤めていることを実感するものの、慣れてしまえばこれが普通になり、CEOのビデオメッセージを見ても特別な感情がわかなくなってしまうのは筆者だけではないかもしれない。

電子メール（24時間戦うべきか？）

日々、世界各地の外国人従業員と電子メールやテレカン（電話会議）、あるいは対面（Face to face）でコミュニケーションを取りながら仕事を進めていくスリルと醍醐味を味わってしまうと、古色蒼然で窮屈な日本企業の文化に戻ることはできないとも感じる。

スリルは、外国人と英文メールのやり取りをするプロセスで、文章の行間を読んで真意を探り、（イライラしているのか、穏やかなのか等の）心理状態を推し量ることでも得られる。文体や語調などから相手がどんな状態にいるのかを推測し返信をする、それに対する再返信を見て、「やっぱりね…今は、焦っているんだな」、「本当に共感してくれているんだな」などということが分かると宝くじを当てたような嬉しい気持ちになる。電子メールというツールを通じた駆け引き・交渉から得られる醍醐味である。

ある程度の英語力があれば表面的に書かれたことを文字通り理解することはそう難しくない。だが、ビジネスで本当に重要なのは、「このメッセージはどの程度本気で書かれているのか？」、「どの程度の実行性を期待して言ってきているのか？」といったことを読み取る力である。放っておいても大丈夫そうなメールはしばらく無視（ignore）して出方をうかがうことも時には必要かもしれない。メリハリをつけずに、全てのメールに真面目に対応していたら体がいくつあっても足りない。この要領の良さを身に着けられるかどうかが、働き過ぎ（ワーカホリック）を防ぐ鍵になる。

厄介なことに電子メールは24時間飛んでくる。家に帰ってからもメールをチェックする癖がついてしまうときりがない。休んだ気になれない。8時間の睡眠を取ってから見ても致命的に対応が遅れてしまうメールなどは滅多に来ないはずなので、要は割り切りだと思う。

75

いずれにせよ、24 時間戦うことはできないし、すべきでもない。

自分でワーク・ライフ・バランスをコントロールすることが必要になる。

ヘッド・カウント（Headcount）と採用凍結（Hiring Freeze）

外資系企業に入って感じたのは、人員管理が日本企業よりも窮屈なほど厳格だということであった。

年度毎の予算を立ててグローバル本社の承認をもらうプロセスの中で、人員データはＰＬ（損益）データと並んで重要なものであり、「営業、マーケティング、製造、人事、経理・・・」といった職種毎に増減予想を示す表まで求められる。本社がローカルの人員管理にそこまで細かく首を突っ込んでくる必要はなかろうとの思いもあるが、「人」を大切にする企業であれば、一人ひとりの採用にまで注意を払うのは当然であり、安易に採用して簡単に切るような冷たい会社にならないためには必要な措置とも言える。

外資系企業では、業績が厳しくなると（赤字になるということではなく、予算達成が危うくなるということ）、本社から「Hiring Freeze（採用凍結）」の方針が出され、例外的に必要な人材を採用する場合にはポジション名と理由を本社が精査する手続きとなる。野放図な採用を牽制する意味合いもあるが思うが、きちんとした理由を説明すれば承認してくれることは多く、人員不足が原因でビジネスの成長を止めることにならないよう配慮はされている。

経理・人事・購買といったバックオフィス（Back Office）の少数精鋭管理も、日本企業より徹底しており、業務の合理化や定常業務のアウトソース（外部委託）を進めることで効率化を図る。会社での仕事は、何らかの規制や目標がないと際限なく増えてしまう傾向があり、目的に照らして最適な業務量と質を実現するためには、このような指標管理も有意義だと思う。

第1章　外資で働く

　報酬に見合う成果を出せないロー・パフォーマー（Low Performer、低業績者）は、退出勧告をされる。緊張感を持って業務に精励していればそのような目に会うことは少ないと思うが、伝統的日本企業と異なる部分である。

　日本の伝統的大企業は人材採用の基本を新規学卒で行うから、このような日々の細かな人員管理はあまり行わない（非正規採用中心の流通・サービス業等を除く）。だが、好景気の際に大量採用した人員をそのまま抱え続けて景気が悪くなると一挙に大量の早期退職を募集し、退職金の特別加算を支払って当年の損益を赤字にする。翌年から人件費が大幅に減るから、見かけ上の業績はV字回復する。景気が回復してくるとまた人を採用する。日頃から業務効率の改善等の抜本的な対策を施さずに、その場しのぎの人員対策を行っていると、再び不景気になった途端にまた大量の早期退職を募集することになる。定年まで勤めあげるつもりで一生懸命働いている従業員からすれば晴天の霹靂である。人生設計・生活設計の見直しを迫られることになる。

　外資系と日本企業、どちらの人員対策が会社や従業員にとって良いやり方なのかは、判断が難しいところであろう。

外資の仕事はキツイのか？

　報酬が高い（？）代わりに外資の仕事はキツイのか？

　筆者の経験では、労働がキツイかどうかは、外資か日本企業かよりも企業文化や事業の特性による部分が大きいと思う。勤務先の医療機器メーカーの場合、技術サービス部隊は、お客様（病院）の都合に合わせて夕方や休日に修理に行くことがあるが、その他の職種では、基本的に仕事を終えれば帰る文化である。
　業界のトップ企業の社長に面会したことがあるが、人事部門はいつも深夜まで勤務している様子であった。頻繁に事業のM＆Aや切り出しをすることで有名な企業だから当然であろう。

77

外資は合理的思考をするので、アウトソースできる定常業務は外注化し、社員には一段高いレベルの仕事を期待する傾向がある。労働密度は、一般的な日本企業より濃いだろう。実力主義とは、労働時間の長さだけで単純に評価しないということだ（時間をかけねばできない仕事があることを前提にした話である）。残業ばかりしても成果が上がらない人を外資が評価することはまずないと言ってよい。業務効率を上げる啓蒙キャンペーンとして、水曜日をノー残業デーとすることはある。しかし、一部の日本企業のように、夜の20時になると一斉消灯するといった「みんなで渡れば怖くない」方式は採らない。個人の自主性に委ねるのが外資の基本的考え方だからである。

【コラム】外資系社員にロイヤリティ（忠誠心）はあるのか？

　勤務先の会社の主要代理店の社長向けのイベントで、会社の人事制度についてのプレゼンをしたことがある。終了後、ある代理店の社長さんから、「外資の社員には会社に対するロイヤリティー（忠誠心）はあるのですか？」という質問をもらった。なるほど、良い質問である。

　外資系企業の社員に会社に対する忠誠心があるかと言えば、「イエス」と答える人は多くはないだろう。
　彼らは自分のキャリアを磨くために会社を転々とするのであり、何があってもどこまでも会社についていくというマインドセットの人は少ないと思われる。

　日本の伝統的な大企業の社員はどうか？
　筆者の感覚に過ぎないが、こちらも意外にドライなのではなかろうか。
　2000年前後に多くの日本企業で実質的な終身雇用制が崩れて以降、「会社が定年まできちんと面倒を見てくれる」という保証もなしに、従業員に会社へのロイヤリティを求めるのは虫の良い話である。社内レースの勝者として役員や社長に上り詰めた者の感覚は多少違い、会社と自分の一体感を感じるかもしれないが、これとてもオーナー社長でない限り、一時の幻想に過ぎないと思う。引退したらただの人である。

　会社に対する忠誠心よりも大切なのは、仕事に対するコミットメントや、職場の仲間との信頼関係だと思う。
　この点については、外資と日本企業で違いはないと筆者は考えている。

(7) 退出

雇用の安定

　伝統的な日本の大企業と外資系企業の大きな違いの一つに、「雇用の安定」がある。

　日本企業の場合、労働者はそれほど頻繁に転職するわけではないし、パフォーマンスが悪い社員がいても、解雇に至るケースは多くない。その前に、昇給・賞与の評価を下げたり、転勤や子会社への出向といった人事異動の手段を採る。

　日本の労働法制が解雇を制限していることも、「雇用の安定」を確保する上では大きい。
　就業規則に解雇事由を明記しておけば、会社には解雇する権利があるわけだが、「労働契約法第16条」の解雇権濫用法理により、事実上、解雇は制限されている。すなわち、「客観的に合理的な理由を欠き」、「社会通念上相当と認められない」解雇は権利の濫用として無効とされる。

　「合理的な理由」には、労働能力・技術・知識等の著しい欠如や、職務怠慢、業務阻害、重大な規律・秩序違反などが挙げられる。「社会通念上相当と認められない」例としては、使用者の適正な指示・命令の欠如や、行為と解雇処分のバランスの欠如が挙げられる。要するに、「仕事ができないにしてもよほどのことがない限りクビにはすべきでない」という社会通念が反映されていると考えればよい。

　最も大きな歯止めとしては労働組合の存在があると思う。
　日本の労働組合組織率は低下傾向にあるが、大企業には必ずと言ってよいほど企業内組合があり、雇用を守るという点では、依然として大きな役割を果たしている。使用者は、組合がどう反応するかということを念頭に置きながら人事施策を進めていくので、恣意的で不当な解雇はまずありえない（あったとしても裁判で負けるであろう）。

第 1 章　外資で働く

　これに対し、中小規模が主体の外資系では、労働組合がない場合が多く、解雇に対する強力な歯止めがない。しっかりとした経営者と人事がいる会社なら問題は起きないだろうが、人の入れ替わりが激しく、いつもそうとばかりとは限らないのが外資系の宿命でもある。採用面接をしていると、社長が交代した途端に追い出されたという話をよく聞かされる。ことの真偽は本人にしか分からないが、じっくりと腰を据えて仕事に取組み、成果を出し続けていくためには、「雇用の安定」が重要であることに改めて気づかされる。

外資系は簡単に解雇するのか？

　解雇とは、会社と労働者の結んだ労働契約を、会社側の意思で一方的に終了させることであるが、外資系企業では従業員を簡単に解雇できるというのは本当か？

　社労士として客観的にジャッジすれば、これは都市伝説と言わざるを得ない。

　外資系企業であっても日本で労働者を雇用して事業を行う限りは、労働基準法を始めとする労働関連諸法の規制を受ける。歯止めとなる「労働契約法」第16条については、既に述べた通りであり、要するに、就業規則を守り誠実に業務を行う従業員が簡単に解雇されることは、外資系でもありえないことになるが、問題の本質は別のところにある。

　日本の伝統的大企業と違い、多くの外資系企業には、一旦採用した人材を長い目で育てていこうというカルチャーが欠けている。一般に外資系企業の規模は小さいため、一人ひとりの従業員のパフォーマンスが会社業績に与える影響が大きいことから低業績者（ローパフォーマー）を抱え続ける余裕はないのが理由の一つであり、いつでも社外から代わりを採用できるという幻想を抱く経営者が多いことも影響している（外部からやってきてすぐに高業績を発揮できる人材は少ないのが現実なのだが…）。

　外資系企業は、低業績者や勤務態度のよろしくない従業員に対して、「退

81

職勧奨」をためらわずに行う。退職勧奨とは、使用者が労働者に対して強制ではない退職の働きかけを行うことを指し、俗にいう「肩たたき」がこれに当たる。退職勧奨自体は社会通念を逸脱するようなやり方でなければ違法ではないが、ある日突然、上司から、「あなたは社外に道を探したらどうか」と告げられた場合、これに抗って会社に留まるのは精神的によほどタフな人でないと難しいだろう。「あなたはもういらない」という上司の下で働き続けるくらいなら、社外への転職の道を探るほうが自己の成長につながる可能性が高いと言えよう。

　外資系企業勤務の長い従業員は多かれ少なかれこのような宣告を受けた経験をしているので、比較的抵抗感は少ないであろうが、愉快なはずもない。精神的なダメージは大きい。だが、これが現実である。

定年まで働けるのか？

　伝統的な日本の大企業に勤める人の多くは、60歳まで働き、その後も順次65歳まで働くことを期待して業務に精励している。業績悪化による大量の早期退職や事業売却等の事態に遭遇しなければの話であるが…

　日本に拠点を持つ外資系企業も日本の労働法の適用を受けるので、従業員の生年月日に従い順次65歳までの雇用機会の提供を義務づけられているのは、日本企業と同様である。

　現実はどうか？

　筆者が現在勤める外資系企業に採用されたのは54歳のときである。この会社には年齢差別はまったくない。60歳を過ぎた人を部門の責任者として採用し65歳まで活躍してもらった例もある。他にも50代半ばで入社し活躍している人は少なからずいる。

　だがやはり、年齢を気にしない外資系企業は一般的ではないと感じる。名前を知らぬ者のないブランド企業出身者の話によれば（一部の幹部を除

第1章　外資で働く

き）、50歳以上で残っている人はほとんどおらず、従業員は自分の成果だけに注力し、5年程度で会社を去っていくそうだ。応募者が、本当の情報を正確に掴むことはなかなか難しく、外資系企業に転職する場合のネックの一つと言えよう。

　一部のクリエーター的な仕事を除けば、どんな仕事も一人だけでできるわけではなく、自分のことだけを考えるような人達の中にいて楽しいはずもない。定年が決まっていてもその前に去らなければならない不文律がある会社に勤めるのは不幸であろう。日本の大企業でぬるま湯のような毎日を過ごすのが良いとは限らないが、何事もバランスと程度の問題だと思う。

辞めどき

　ダイナミックな外資系企業の環境で働くことは刺激的ではあるが、採用活動を通じた観察から言えるのは、一つの企業に10年以上働くケースは少ないということである。理由は色々あるだろうが、つまるところ、日本の事業所はグローバル組織の中の現地法人に過ぎず、規模も大きくない（数十人から数百人程度が一般的）という点に帰着する。規模が小さいからポストの数も少なく、上の人間が辞めない限り昇進のチャンスは回ってこない。

　そうして同じポジションを5年も続けると飽きが来るから、転職活動を始めることになる。社内でこれ以上の成長が見込めないと感じたら（生活の維持をどうするかは別として）、その時が「辞めどき」なのであろう。

　さて、首尾よく転職先が決まり、採用オファーレターにサインもし、あとは、上司に退職を申し出て退職日と引継ぎ日程、有給残消化等の退職条件交渉をするという段階になったときに心すべきことがある。それは、引き留めのための「カウンターオファー（Counter Offer）」を出されても現職に留まるべきではないということである。どんな会社であれ、今日まで仕事をしてきた人間に急に辞められては困るから、一旦は慰留工作をするのが普通である。中小規模の外資系だと、一人抜けても組織が回らなくなるから、本人の望むポジションや役割・責任を急ごしらえで用意して引き留め工作を図ることがある。そうすることで、急な退職による組織の混乱回避のための時間稼ぎをする一方でリプレース（人の入れ替え、Replace）に向けた採用活動を始めるのである。良い後任者が決まった段階で、退職勧告をされてびっくりすることになる。

　「会社を辞める」と表明することは、「会社に対するロイヤルティ（忠誠心）はありません」と宣言することに等しく、そのような人間を長

第1章　外資で働く

く留めようとするほど、外資系はナイーブではない。実力主義が徹底
している外資系では、頭角を現せば日本企業のように何年も待たなく
とも昇進しているはずであり、何年待っても昇進しなかった人が辞め
ると言った途端に昇進するのは何かがおかしい、と感じる冷静さを備
えておくべきである。

　採用オファーレターを出した人の中には、カウンターオファーを受
け入れて転職を思いとどまる人がたまにいるが、辞めるタイミングを
間違えないように気をつけてもらいたいものだ（自分の人生を決める
のは自分だから、他人がとやかく言うことではないが）。

（注）カウンターオファー：転職希望者に対して、昇給・昇進などの条件をも
　　とに引き止め交渉を行う事

85

第２章
日本の会社で働く

（1） 日本的雇用慣行

日本の会社の人事労務制度 - 日本的雇用慣行

　日本の伝統的大企業には、以下の三つの特徴を持つ「日本的雇用慣行」があるとされる。

　　ａ．終身雇用（長期雇用）
　　ｂ．年功序列賃金
　　ｃ．企業別組合

　就労経験のない新規学卒者を大量に採用することを人材確保の基本的手段とし、定年まで社内で育成・評価していくという社内で完結したシステムは、欧米諸国のように人材の流動性（転職）を前提にした雇用慣行とは大きく異なる。企業別組合幹部は従業員だから、会社の経営には協力的であり、経営を悪化させかねない無謀なストは打たない。社員のマインドセットは内（ウチ）向きで閉鎖的、外 (ソト) のことを気にせず、同期との出世競争だけを意識して頑張る。真面目に働けば少しずつ給与は上がっていき、定年になればそれなりの退職金も出る。良さもあれば課題もある（日本的雇用慣行の詳細に興味がある人は、巻末の付録を参照願いたい）。

　経営効率とゆとりある個人生活のバランスという視点で、検証してみると次表のようになる。

第2章　日本の会社で働く

【図表21】
日本の会社の人事労務制度と「ゆとりある生活」との関係

	人事労務制度 （項目）	経営効率 （コスト効率）	ゆとりある個人 生活（ワークラ イフバランス）	補　足
賃金	年功賃金制度	○→△	○	若手の多い高度経済成長期は、年功制で人件費節約になり会社が得をした。中高年が増えると大きな経営負担。ただし、個人には右肩上がりの賃金が約束されている点でプラス。
賃金	成果主義 賃金制度	○	△	年俸制等がこれに該当する。成果の低い者の賃上げを抑制できる点でコストメリット。個人レベルでは頑張り次第だが、働き過ぎになるリスクもあり。
労働時間・休暇	長時間労働	△	×	生産労働者のアナロジーから長時間＝成果、と見る向きはまだ多い。時間をかけなければできない仕事があるのも事実。新たな人員を採用するよりは時間外手当を払う方がコストは抑えられる（健康リスクは別として）。
労働時間・休暇	フレックス タイム	△	○	管理する側にとっては、通常の勤務時間中に部下の不在時間が多くなる不便がある。
労働時間・休暇	裁量労働	○	△	一定の手当を払えば成果のみを追求できる点で経営側にメリット。個人にとっては、成果を出そうとするあまり、長時間労働になることもある。
労働時間・休暇	在宅勤務	△	○	Face to face コミュニケーションができない非効率性がある一方で、通勤時間の節約になる。大々的に実施すればオフィス賃料の削減にもなる。
労働時間・休暇	年次有給休暇	×	○	休んだ後は効率が上がるはずだが、100％取得にほど遠い日本企業の文化。
福利厚生	寮・社宅	×	○	従業員を定着させるためのコスト。
福利厚生	住宅融資	×	○	同上
福利厚生	社内預金	△	○	かつては設備投資の資金になったが、低金利時代の現在、コストのかかる福利施策になっている。
福利厚生	レクリエー ション	△	△	運動会、社員旅行等。貧しい時代には喜ばれたが、若手従業員にとっては、プライベートな時間を拘束される不合理な慣習と受け取られることあり。
その他	転勤	○	△	家族などの個人事情によりプラスにもマイナスにもなる。
その他	退職金・年金	×	○	経営にとっては定着させるためのコスト。個人にとっては老後の大切な資金。

　政府が本腰を入れている「働き方改革」が全国に浸透していけば、意味のない長時間労働が減り、ワーキングマザー等の在宅勤務が進み、もっと働きやすい就労環境になる可能性はある。

（2）動機：なぜ働くのか

日用の糧を得る

「ヘンリー。きみは夢を見てるんだ。人間はだれでも食べなきゃならん、それくらいのことはきみだって知っているだろう？　世間の人間はたいていそのためにせっせと働いているんだ」

ヘンリー・ミラー　南回帰線

なぜ働かなくてはいけないのか？

まずは、自らの日用の糧を得る手段を確保し、親の扶養から自立していくためである。

就職して、初めて親元から離れて独身寮暮らしを始めた頃の気分を思い出す。未熟さゆえに仕事を面白く感じることはなかったが、給料をもらい生活を自分でコントロールできる解放感は何ものにも替えがたいものがあった。自立した生活を送るために、まずは働かなければならないのである（裏返せば、資産がたくさんある人は、働かなくてもかまわないとも言える）。

成長のため

「生き物は、動かずにいられないように生まれついている。どのレベルの生物にとっても動かないことは死を意味する。前進しなければ後退するしかない。(中略)人が他の生物と違うのは、意志があるという点だ。人が最高のものを生み出せるのは、未来に向かって自らの正当な能力を傾注したとき、つまり目標を目指しているときなのだ。」

マイク・メンツァー（元 Mr. ユニバース）

マッスル＆フィットネス誌（1996 年 5 月号）より

ボディビルディングは、個人的かつストイックなスポーツであり、極限までの力（筋力）を出し切って体を成長させていくものだ。一般には、最大筋力の 60％以上の力を出すと筋肉は成長すると言われる。

第2章　日本の会社で働く

ベンチプレスを数十年やっているが、110kgまで来たらパタリと伸びなくなった。伸ばす方法は頭では分かっている。栄養をとって今よりも大きな負荷を試していくことだ。しかし、十分に気をつけないと体を痛めることもあるし、仕事で疲れた後にそこまでやりたくないなどと後ろ向きに考えるとやはり上がらない。最大挙上重量を維持するだけでも大変だ。1か月もトレーニングをやらなければあっという間に筋力は衰えてしまう。

これは、知的労働にも通じる部分があると思っている。明日も今日程度でいいやと思って仕事をしていると、成長しないどころか、気がつかない間に退歩の坂道を転がり始めている。**価値あることを成し遂げるために努力を傾注し、進歩しようと心がけることが重要であり、働く動機は、進歩したいと願う心の中にある。**

我々は日頃、自分の最大能力の何パーセントを仕事で発揮しているだろうか。会社生活では、個人技だけでなくチームプレーも多く、また100%常に出し切っていたら定年前に燃焼しきってしまうので限度はあると思うが、それにしても、日本のサラリーマンの多くはまだ能力の出し惜しみをしているのではないだろうか。これは、個人の問題であると同時に、年功序列制度の問題でもある。

自らを完全燃焼させて良い仕事をしても、その時にそれと分かる報酬を十分に与えられないという経験をしているうちに、力の出し惜しみをするようになっていく。ロングランで貢献と報酬のバランスを取ろうとする年功序列制度の下では、自らの内部に強い向上意欲を持ち続けていかないと、手抜きと惰性の生活になりがちである。

やる気の3要素

職業生活において、やる気を出すために欠かせない要素は三つある。

一つ目、報酬…労働者は、労働の対価として賃金をもらう。仕事の価値に見合った給与をもらわずに満足する人は少ない。扶養家族を持つようになればなおさらだ。たとえ本人が仕事の面白さに熱中していても、**家計を**

支えられるだけの報酬が得られなければ（共働きの場合を別として）夫婦喧嘩の種になる。

　二つ目、名誉・・・端的な形では、長年の論功に対する褒賞（？）として、課長や部長というポストにつく。これに付随して、ヒラの時代よりも大きな机をあてがわれて場所を窓際まで移動したりする。誰から見ても、「あの人は管理職」と分かるようにする。社外の人と交渉する場合にも、やはり肩書はそれなりの効果を発揮する。これらの措置は、サラリーマンに大きな満足を与えるものである。

　三つ目、仕事のやりがい・・・価値あること、面白いことをやっているときは、純粋に楽しいものである。これを三番目に置いた理由は、日本の大企業では仕事の内容を自分で選び続けることは難しい面があるからだ。自分以外に出来る者がいないほどの専門スキルを保有する場合を除けば、好きな仕事に没頭し続けられるケースは多くない。その場合でも会社としては、いなくなった時のリスク回避のため、同じ仕事ができる者（＝後継者）を、ローテーション等の方法で育成することに努める。好きな仕事だけを続けて定年を迎えられるケースは少ない。

　　　【コラム】学校と会社の違い―
　　　　　　期待する答えを出すためだけの場所か、否か

　毎年東大に90人前後は合格する国立大学の付属高校を出た。町工場の多い板橋区の公立中学校から入学した者にとって、良家の子女ばかりで秀才揃いのクラスメートとの交わりは、楽しいものとは言えなかった。

　1年生の国語の時間で生徒を5人程度のグループに分け、本を選ばせて発表させる授業があった。読書感想の発表者にされ、他のメンバーが勝手に選んだ I.H. という流行作家の小説を読まされることになった。

第2章　日本の会社で働く

　読んではみたが全く面白くなかったので、図書館で借りてきた本の巻末の書評を丸写しして発表したら先生に、「それは、君の意見なのか？　もう一回やり直しだ！」と言われ、私だけ再度、読書感想の発表をやらされた。だが、何度読んでも、前向きな感想は湧いてこなかった。仕方がないので、もう一度図書館に行き、別の書評を探し、加工して発表した（先生は気づいたかもしれないが、何も言わなかった）。

　この経験で学んだことは、「自分の意見を持たねばならない」ということだった。なぜあの時、「この本を読んだが、つまらなかったので、特に感想はありません！（あるいはつまらないと思う理由を述べる）」と本当のことを言えなかったのだろうと思う。先生の期待している答えではないだろうし、成績は×になったであろう。だが、そもそも、読みたくもない本を押しつけられて感想を言わされるなどという精神的苦痛を与えておきながら、言いたいことも言えない…学校というのは所詮そういうところなのだろうかと、今でも思っている。自分がやりたいことのきっかけや素材を色々な形で提供してくれるのが学校の使命だと思うが、自分の意欲に火をつけるものは、自分で見つけるしかない。長く居るところではないと思っている。

　採用面接で応募者から、学校時代はものすごく楽しかったという話を聞くと、本当かなと思ってしまうのは筆者の勘ぐり過ぎか。（一応、大学は違うと思うが）期待する答えだけを繰り返す環境に慣れてしまうと楽なのかもしれない。自分の頭でじっくり考えず、周囲の期待に合わせることだけを目標に頑張る・・・会社に入ってもこの延長で行動する人間ばかりだったら、会社は潰れるだろう。
　そういう危機に瀕している会社が日本には多いのではなかろうか。
　周囲の期待や考え方だけに振り回されずに、自分の頭で考え、何が正しいのか、何をすべきかを決めていく・・・そんな人間になるべきだ。

93

（3） 選択：どこで働くのか

あなたの側からの選択肢

　今の学生に人気があるのはどのような企業であろうか。

　今から 50 年以上前の高度成長真っ盛りの 1965 年と、バブル経済崩壊から「失われた 20 年」と呼ばれる長期低迷の入口に差し掛かった 1997年の人気企業ランキング、それに現在のランキングを比較してみたものが以下の表である。

【図表 22】

大学生就職人気企業ランキング

	1965 年卒	1997 年卒		2018 年卒	
	文系男性	文系男性	理系男性	文系	理系
1位	東洋レーヨン	ＮＴＴ	ソニー	ＡＮＡ	ソニー
2位	大正海上火災保険	ソニー	ＮＴＴ	ＪＴＢ	味の素
3位	丸紅飯田	ＪＴＢ	ＮＥＣ	ＪＡＬ	資生堂
4位	伊藤忠商事	ＮＴＴドコモ	本田技研	三菱東京ＵＦＪ銀行	明治グループ
5位	東京海上火災保険	伊藤忠商事	トヨタ自動車	東京海上日動火災保険	サントリーグループ
6位	三菱商事	アサヒビール	鹿島建設	三井住友銀行	トヨタ自動車
7位	旭化成工業	東京三菱銀行	清水建設	ＨＩＳ	ＪＲ東日本
8位	松下電器産業	近畿日本ツーリスト	竹中工務店	みずほフィナンシャルグループ	カゴメ
9位	住友商事	電通	ＮＴＴデータ通信	損保ジャパン日本興亜保険	アサヒビール
10位	三和銀行	三菱商事	ＮＥＣソフトウエア	伊藤忠商事	ＪＲ東海

注１：1965 年卒データは、リクルート就職ブランド調査（文科系大学卒男子対象）による
注２：1997 年卒データは、毎日コミュニケーションズ社調べによる
注３：2018 年卒データは、マイナビ・日経 2018 大学生就職企業人気ランキングより

第2章　日本の会社で働く

文科系に絞って業種別の推移を見ると、以下のようになる。
1965年：商社4、金融3、メーカー3
1997年：商社2、メーカー2、通信2、金融1、その他3（旅行2、広告1）
2018年：金融5、運輸2、旅行代理業2、商社1

　各々の年代に出てくる社名は、変わり映えのしないものが多いが、業種別にみると明らかな変化がある。直近ではメーカーがゼロになり、金融がトップ10の半分を占めている。しかし、今後業務のIT化がますます進むことを考えると、金融に行けば安泰とも言えないように思う。

　経営者や採用担当者の口癖として、「寄らば大樹、のような人間には来てほしくない」というものがある。しかし、これらの発言を額面通りに受け取る必要はない。最初の選択肢は、まずは「寄らば大樹」の観点から選べば良い。大樹は、優れた労働条件と安心できる未来のパッケージを意味するから、これを基準にするのは合理的な判断だ。ただし、気をつけなければならないことがある。

　第一に、大樹がいつまでも大樹のままでいる保障はない、倒れるかもしれない。今、良いとされている会社が10年後、20年後も生き残っているとは限らない。

　第二に、「大樹に群がる」根性のエリートばかりが集まる会社は、それだけで未来が危ない。彼らは出来上がった階段を昇っていくつもりで入ってくるから、自分が会社をどう変えていくかということよりも、自分がどういう風に扱われるかということに神経を集中させている。「自分がやらなくても誰かがやってくれるだろう」と思う者ばかりの集団になる。
　組織が巨大化すると、経営というものの持つ「危うさ」についての想像力が、従業員から欠如してしまい、役所勤めをしているような気分になってしまう。
　第三に、大きな企業に行けば暫くは歯車のように使われる。「優秀だ」と騒いでみても、何万人もの集団の中で最初にできることは限られる。自分という人材をどう売るかという観点で見た場合、企業の規模も重要な要

95

素になってくる（一番良いのは、自分で会社を作って社長になることだ。全てのリスクを一人で負うことにはなるけれど）。

あなたの売りは何か

　採用業務を担当していた頃、多くの学生の口から決まって出てくる言葉は「私は、人と接するのが好きで…」という自己アピールであった。企業で必要なのは、「人づきあいのうまさ」だけと言わんばかりのように、判で押したように同じ答えを返してくる。協調性はチームワークに欠かせない要素であるが、企業がそればかり求めているわけでもない。

　例えば、あなたには汎用性のあるスキルがどれだけあるだろうか。
　少なくとも、パソコンと英語の二つくらいは、グローバルな情報化時代を迎えた現在では必須のスキルである。

　また、今までの学生生活の中で、本当に自分の頭で考えたことがどれだけあるかという点も振り返ってみた方が良い（会社が大学卒に求めているのは、正しい倫理観に裏打ちされた知力と行動力である、と筆者は考えている）。教授の学説を鵜呑みにして、点数だけ稼いでこなかったか。こういうことで成績を上げてきたとしたら、自分でお金を稼ぐようになって数年も経てば、メッキははがれてくる。

　会社選びをする前に、自己の保有能力や特性の採点表を作ってみたら良い。以下はサンプル表である。どの道、会社に入れば評価されるのだから、その前に自分でやってみると良い。これは、将来、転職する場合にも役立つはずである。

第2章　日本の会社で働く

【図表23】

自分の能力のインベントリー表（サンプル）

区　分	項　目	保有レベル
専攻分野	専攻分野における知識の深さ	○
	二つ以上の専攻分野を持っている	×
基礎的能力Ⅰ （数学・国語）	数学的処理能力	△
	文章表現力（日本語）	○
	プレゼンテーション能力	△
基礎的能力Ⅱ （語学・ＩＴ等）	英語	◎
	第二外国語	×
	情報処理・ＰＣ	△
	その他	×
性格・行動特性	積極性	△
	責任感	○
	指導性（リーダーシップ）	△
	持久性（忍耐力）	◎
	自主性	◎
	協調性	△
	創造性	○

（注）創造性「ある目的達成または新しい場面の問題解決に適したアイディアを
　　生み出し、あるいは社会的、文化的（または個人的）に新しい価値あるもの
　　を作り出す能力、及びそれを基礎づける人格特性」（恩田彰）

心の研究　本明　寛　教養文庫　より

【コラム】企業理念とのマッチング

会社は、創業者の考えた経営理念や企業理念に沿って、従業員他の関係者が協力すべきものとされる。横文字で言うと、「ビジョン、ミッション、バリュー」になる。

ビジョンとは、見えることであり、企業として将来どんな姿になりたいかを示すものである。

ミッションは、元来は宗教用語で、キリスト教の世界伝道を「使命」とした使徒を想起させるが、企業の場合は、世の中における存在意義＝「〇〇をすることで社会に貢献する」と考えれば良い。

バリューは、従業員等が共通に持つべき「価値観」であり、これにもとづき日々の行動を律することが求められる。バリューに「パッション」があるならば、顧客へ最善の製品とサービスを提供できるように熱意（パッション）をもって臨むべしということになる。

ゴールを示されずに、毎日、穴掘りと穴埋めばかりさせられると人間はいやになってしまう。**ビジョン・ミッション・バリューは、会社や社員が到達すべきゴールを示すもので、ゴルフ場のグリーンに立つ旗の役割を果たす。旗印が見えることで、日々の仕事に埋もれず、前を向いて頑張ることができるのである。**

他方、言行一致が経営者に伴わないと、信頼を一気に失ってしまうのは、報道される企業スキャンダルを見るまでもなく自明のことである。

第2章　日本の会社で働く

（4）始めの一歩：つまずかないために

新入社員のマナー

　大学を出ると、通常は総合職、いわゆる幹部職員候補として採用される。

　大学でどんなに高級なことを学んだとしても、そのままでは使えない机上の学問である。実業の社会に足を踏み入れた新人が最初に出来ることといえば、言葉遣いや立ち居振る舞いに注意を払って、先輩諸氏に早く仲間として認知してもらうよう努力することしかない。奴隷のように盲従せよということではない。会社に限らず、どんな組織に入る場合にも、新入りの方からまずは周りに受け入れてもらう努力をした方が良いし、それが賢明な方法だということだ。「謙虚さ」である。

　大学時代の親友で大蔵省（現在の財務省）に入った友人は、１年目はコピー取りばかりさせられていた。電力会社の支店に配属された友人は、朝一番に出社し、皆の机の雑巾がけをするのが日課だった。

　今はこのような慣行はなくなっていると思うが、昔はあった。愚かな慣行だと一笑に付してしまうのは簡単だが、考えてみれば、エリートが人格的にも周囲の尊敬を集めるに足るかどうかをチェックする踏み絵と解釈することもできる。優秀であることは、やがて仕事で証明できるようになる。仕事もできないうちから、「私は○○大学出身です。コピー取りなんかやってられません。お茶汲みなんかできませんョ。」と言っているようではダメなのである。新入社員は教えてもらわなければ何もできないという点では、赤ん坊のようなものだ。早く仕事を覚えたいのなら、まずは、周りの人に受け入れてもらうための真摯な努力が必要である。

　学校で学んだ知識はいずれ必ず役に立つ。「学校で教わる」ことを一言で表現すれば、**専門的なことがらについての「索引」を確認する作業**だと思う。後で深く追究したくなるときに備えて、どこをどうつつけば調べることができるかを予め確認しておく作業である。会社の仕事にも、法律や科学・技術など専門性の高い分野は多いが、まずは実務の流れを押さえる

99

のが先決になる。これに習熟するまでの間は、しばし最高学府を出たという誇りをタンスの奥にしまっておくのが賢明だ。やがて、学生時代に学んだ索引を引っ張り出す時期が来る。10年先ではなく、半年から1年後くらいのことである。

　大蔵省の友人は他省庁等でも活躍した後に財務省の審議官になった。電力会社の友人は常務執行役として頑張っている。二人とも優秀なだけではなく、素晴らしい人格者である。

会社や職場の慣習・しきたりを覚える

　会社に入ったら、仕事だけではなく、会社や職場の慣習としきたりも覚えなければならない。これを早めにマスターしないと「この新入社員は常識がない」と思われる。スムーズな会社生活を始めるには先輩社員にしきたりを聞いておくことが一番であるが、他の会社に転職するとまた違う常識があるので要注意である。

　日本のメーカーで働いたときには、色々な社内慣習があった。
　配布書類には必ず二つのパンチ穴を開けておく・・・受け取った者がファイルする手間を省くための配慮である。今、勤める外資系にはそんな慣習はないが、筆者は続けている。
　人名を書くときはカタカナの略名にして（　）で囲めば、敬称をつけたことになる…。いちいち、フルネームにさんを付けるより速く書けて時間の節約になるからである。もちろん、今の外資系にこんな慣習はないが、人名に（　）を付ける癖がときどき顔を出す。

　入社して地方の工場の総務部に配属されたが、執務するときは鼠色の事務服を着ることになっていた。新入社員の歓迎会があり、17時になって徒歩で行ける会社のクラブへ移動したが、事務服で参加したのは筆者だけで、顰蹙を買った（他の参加者は全員背広や私服を着ていた）。
　工場勤務者は飲み会にも作業服で参加するものと思いこんでいた筆者の理解は職場の慣習とは違っていた。

第2章　日本の会社で働く

　宴会場にはカラオケセットがあり、新入社員は最低一曲ずつ歌うように促された。学生時代にバンドでベースを弾いたが、カラオケはやったことがなく日本の流行歌や演歌は知らない。とにかくなにかを歌わないと許されない雰囲気だったので、童謡の「ぞうさん」を歌った。座がシラケたのはいうまでもない。日本の会社にはしきたりがあることを入社初日に学ぶこととなった。

　日本の会社では、職場単位で飲み会を行うことが多い・・・新入社員歓迎会、定年退職者慰労会、転勤者歓送会、新年会、忘年会、等々。これらの会には、よほどの個人的事情がない限り出席したほうが良い。でないと「今度の新入社員は付き合いが悪い」と言われる。形の上では、任意参加ということになっていても事実上は強制に近い不文律ができていることが多い。
　さらには、二次会でカラオケなどということもある。この辺になると強制の度合いは幾分減るかもしれないが、先輩の参加率を観察し判断することだ。「歌う順番は若い者から」等、職場の掟があればそれに従っておくのが無難である。

　窮屈と言えなくもないが、普段あまり言葉をかわす機会のない人と会話ができるよい機会ともなり、一度、一緒に飲んでおくだけで、後々、仕事で困ったときの相談もしやすくなる。場合によっては、社内恋愛のきっかけになるかもしれない（かつての日本では、職場結婚がとても多かった）。

　強制参加的な飲み会は、半分仕事みたいなものだが、実際、飲み会の宴会場の階段で転んで怪我をすれば労災に認定されることもある。羽目を外し過ぎて飲まないように気をつけることが肝要である。

101

【コラム】同期入社の意味（仲間でありライバルである）

　日本の会社にあって外資にないものの一つに、「同期入社」という概念がある。
　日本の会社は新規学卒者を大量採用し、一緒に集合研修を行い、競争させることで企業の活力を保っている。

　従業員の立場から見て、同期とは何か？

　一つは、同じ釜の飯を喰った仲間であり、定年まで支え合う同士の側面である。
　入社後、会社の施設に宿泊して、1か月前後の集合研修をする会社があるが、食事を含め一緒に過ごす時間が長ければ長いほど絆は深まるものである。色々な部門に配属された同期のネットワークは、部門を超えて調整が必要な仕事をする際のたよりになる情報源となる。「自分は一人ではない」という感覚は会社に定着する上で力になる。同期の飲み会で仕事の愚痴を言いあったり、慰め合うことで明日への活力が生まれることもあるだろう。

　二つ目は、社内出世競争におけるライバルの関係である。
　日本の会社の人事制度は、同年次入社の中で評価の序列をつけることを基本とし、徐々にその差が開き、やがては同期トップで〇〇が役員就任ということになる。20〜30年も経てば、同期の中にヒラ社員と取締役が存在するようになる。過酷な世界でもある。だが、同期であれば1年に1度の温泉旅行やゴルフコンペに一緒に参加して談笑する…。

　入社後30年経っても、こんなものは社内の序列に過ぎず、人間としての自分の価値とは関係ないと達観して、入社時と変わらない付き合い方ができればその人は本当に立派な人だと思う（筆者には無理に思えるが）。

(5) 報酬：いくらもらえるのか

年収

　人事を長くやっていると、他人の年収が気になる。名刺交換をして他社の部長や課長の顔を見るとき、「この人はいくらもらっているのだろう？」と想像してしまうのは、悪しき職業病である。

　バブル経済崩壊前の日本の大企業のモデル賃金では、大学卒・管理職・50歳で、年収1000万円を超えることはざらにあったが、1990年代後半以降の水準は、横ばいかやや低下傾向である。

　日本のサラリーマンの年収分布を考察する上で信頼できるデータは、国税庁の「民間給与実態統計調査結果」である（インターネットで検索できる）。

【図表24】

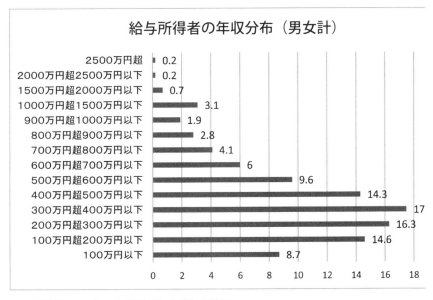

国税庁、平成28年民間給与実態調査結果
横軸は給与所得者全体に占める比率

平成 28 年度の調査結果によれば、給与所得者で年収 800 万円超の者は 8.9％、年収 1000 万円超では 4.2％である。800 万円超の年収を得る者は 10 人に一人もおらず、1000 万円超に至っては 20 人に一人もいないことになる。それだけの報酬をもらっている人は、自分の貢献が高い報酬に見合うものかどうかを検証してみた方が良い。

　「順送り」「年功賃金」をあてにして、若いときは薄給にもめげず深夜残業をいとわず会社に尽くしたつもりで先を楽しみに待っていたのに、ようやくその年になると、「会社の業績が厳しいので後進に道を譲ってくれないか」と早期退職を迫られたりする。一社だけに滅私奉公してきたため、自分の Selling Point（セールス・ポイント）を考えたことがなく、職務経歴書の書き方すら知らないし、外でいくらもらえるのか（市場価値）も想像したことがない。日本企業の中高年社員にはいまだにこのような人が多い。

貢献と報酬の長期収支勘定

　日本の勤続年数別賃金カーブを主要欧米諸国と比べると、賃金の累進度が著しく高くなっている。日本の伝統的大企業の採用は新規学卒者中心で、勤続年数はほぼ年齢にリンクすることから、「年功賃金カーブ」と呼ぶ。欧米諸国も、スウェーデン（おそらくは米国も）のように賃金は職務給だから勤続年数に関係なく一定という国を除き、緩やかに上昇していく傾向はある。

　しかし、勤続 1 年〜 5 年の水準を 100 とした場合に、勤続 30 年（＝50 代前半）の日本は 170 にもなるのに対し、主要欧州各国のそれは 140 以下にとどまっている。賃金は労働の対価であるという理屈に立てば、日本のホワイトカラーの生産性は 50 代まで急カーブで上昇し続け、どんなに頑張っても 20 代や 30 代の若造が追いつけないレベルの仕事をしていなければ辻褄が合わないが、現実はそうとばかりも言えないであろう。

【図表25】

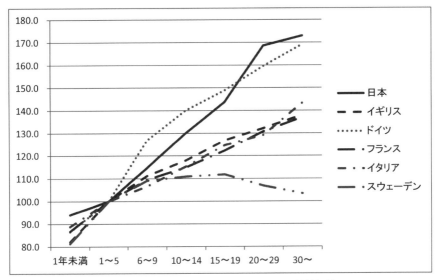

縦軸は勤続1～5年を100としたときの年収指数。横軸は勤続年数
資料出所：労働政策・研修機構（JILPT）データブック国際労働比較2017

　このカーブの理論的説明には、「**成果と報酬の長期収支勘定が釣り合うように設計されている。**」と考える「**人的資本理論**」が説得力を持つと思われる。
　勤続や年齢を重ねることによって、労働者の能力（人的資本）が高まり、その結果、能力に応じて支払われる賃金も上昇するという考え方である。ただし、賃金はある程度まで能力に応じて上昇するとしても、定年を迎えるまで能力が伸び続けると考えるのはすこし理想的に過ぎる。競争市場の下では、雇用期間全体にわたる貢献と賃金・退職金総額はちょうど等しくなっていなくてはならないから、企業が定年年齢で従業員に辞めてもらわなくてはならない理由は、賃金と貢献のプラスマイナスの収支勘定は、定年で従業員が辞めることを前提に合わされているからということになる。仮に賃金体系はそのままでそれ以上雇用を続けようとすれば、そのときは賃金は貢献と一致する水準まで下げざるを得ない。
　　　　　（参考文献：仕事と暮らしの経済学　清家篤他　岩波書店）

【図表26】

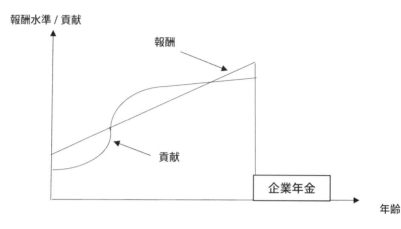

　このように長期的に収支勘定を決済しようという考え方は、人生を長期的視点で考える人にとっては良いことだが、そうでない人から見ると理不尽さもある。端的に言えば「あの程度の仕事で高い給与をもらっている中高年者には我慢できない！」という若手の声であり、労働意欲と効率が落ちているにもかかわらず、自分のもらっている給与は仕事の貢献度からして当然だと錯覚し、もっともらえないことに不満を抱いている中高年サラリーマンの問題である。

　報酬と貢献の決済期間を、もう少し目に見える範囲で短期決済をしていくように改めないと、全体としてのモラールは下がり、グローバルな競争にも太刀打ちできない恐れがある。若い世代が会社勤めを始めて5年、10年と経って自分に自信がついてきた時、貢献度に対して低い報酬との折り合いをどうつけていくかが気になる。順番を待つか、他所へチャンスを求めて抜け出すか？　外資系企業に籍を置き採用面接をしていると、日本企業からの応募者には、年功的処遇に不満を持って訪問してくる人が多い。

転職者の給与水準

　日本企業から別の日本企業に転職する場合、気をつけるべきことがある。
　転職時のオファー年収を前職より下げて採ろうとする会社は少ないだろう。それでは、応募者が来ないからである。

　問題は、入社してからの処遇である。典型的な日本企業は、報酬を年次別に管理しており、同期入社の中で基本給に差をつけることで昇格のタイミングなどを調整する。中途採用者の基本給水準を、大学卒業年次が同じ集団のどの位置に格付けるかがポイントであるが、トップ集団に格付けることはしないだろう。使ってみなければ優秀かどうかは分からないからである。中位か中の下くらいでスタートし、入社後のパフォーマンスが良ければ補正により徐々に引き上げていく形が多いのではないか。
　日本の伝統的大企業では、中途採用はいまだに少数派であり、新規学卒者と同様に扱ってくれるかどうかは、会社の度量と経営方針次第であることに留意すべきである（外からうかがい知ることは難しいが、口コミ情報等からある程度は推測できる）。

【コラム】総額人件費

　人事部門に配属されたのに、入社当初は、会社が本人に支払う以外のコストを負担していることを知らなかった。会社が人を雇うときには本人に支払う給与の他に負担している費用があり、これらを含めて「総額人件費」という。

　「総額人件費」は、従業員に支給する給与や福利厚生費等、人にかかわるコストを合計した費用のことであり、内訳は、基本給・諸手当・賞与からなる現金給与と、退職金・法定福利費・法定外福利費・教育訓練費・採用募集費等からなるその他人件費に分かれる。現金給与総額を100％とした場合、その他の費用（福利厚生費・退職金等）合計は25％に達する。

総額人件費	625,521 円	（125）
現金給与総額	497,985 円	（100）
現金給与以外の人件費	127,536 円	（25.6）
法定福利費	64,409 円	（12.9）
法定外福利費	17,098 円	（3.4）
退職金等	41,308 円	（8.3）
現物給与その他	4,721 円	（1.0）

出展：日本経団連「春季労使交渉・労使協議の手引き 2017 年版」

　会社がヒト一人を雇うと、直接払う給与・賞与に加えてオモテに見えない 25％増しのコストを負担していることになる。年収 500 万円で採用されると、総額人件費で 630 万円になり、これが企業から見た場合の人材価値（＝コスト）になる。

　妻と給与の話をするとかみ合わない。こちらは額面で話しているのに、向こうは手取りで勘定するからである。主婦の感覚からすれば源泉徴収される税金や社会保険料では食料品は買えないので、額面の年収は無意味だろうが、苦労して働いている身にしてみれば、額面で評価してもらわなければやりきれない。
　同じことが、企業と従業員の関係にも当てはまる。会社からすれば、現金給与の 25％増しも負担しているのだから、もっとアウトプットを出してほしいと思うが、従業員からすれば、この程度の手取りかと思うかもしれない。
　だが、社会保険料会社負担分や退職金はいずれは従業員に戻ってくるベネフィットであることを忘れてはならない。総額人件費を意識しておくことは、従業員にとっても、プロの職業人として厳しい時代を生き延びていくために意味のあることである。

（注）法定福利費とは、健康保険・介護保険・厚生年金保険・雇用保険・労災保険・児童手当拠出金等の社会保険料会社負担分で、一企業のコスト削減努力ではどうにもならない部分である。

第2章　日本の会社で働く

（6）評価：納得できるか

目標管理制度

　今、企業が必要としているのは、個々人の力と責任とに広い領域を与えるのと同時に、彼らの志や努力に共通の方向を与え、個人的目標と共同の利益とを調和せしめるような経営原理である。これらのことを成し遂げられるのは、目標設定と自己統制による経営しかないであろう。

（ドラッカー（P.F.Drucker）野田一夫監修、「現代の経営」（上）183頁、
原典　"The Practice of Management"）

　大企業のホワイトカラーに広く導入されている目標管理は、経営方針を受けた自分の課題を達成するために、上司との面談と自己申告を通じて期初に目標を定め、期末に達成度を評価して賃金や賞与、昇進や昇格に反映させる仕組みである。目標管理の対極にあるのは「マニュアルによる管理」で、ファストフード店に入った時に言われる「いらっしゃいませ、こんにちは」がそれである。学生でも主婦でもマニュアル通りに動けば一応の格好はつくが、それ以上のレベルにはなりにくい。

　目標管理のポイントは、(1) 目標の連鎖と (2) 自己統制である。目標の連鎖とは、「会社の目標→事業部の目標→部の目標→私の目標」という具合に、上位の目標をブレークダウンして自分の目標を決めることをさす。ポイントは、上位組織の目標を見てそれに貢献できる目標を自分で考えるところにあるが、現実には、順々に目標が細分化されていくケースは少なく、上司の目標と自分の目標が同じこともある（○○**社からの新規大量受注をチームで行う場合等**）。上司と自分のどちらが成果に貢献したかは実務をやった二人にしか分からない場合が多いから、結果が出てから成果の帰属を上司と部下の間で取引することもある。良い結果が出れば上司の手柄にされ、悪い結果になれば部下のせいにされる…残念だが、狡猾な上司の下ではありえないことではない。

　ホワイトカラーの仕事は、ブルーカラーと比べ「あいまいさ」を伴うもので、これを極力排除するために「役割・責任」をはっきりさせる必要が

109

ある。役割・責任の範囲で自由にやらせなければならない。ドラッカーの
いう「自己統制（セルフマネジメント）」がそれであり、**仕事の具体的な
進め方を部下に任せることが目標管理を成功させる鍵となる。**マイクロ・
マネジメントばかりされたら人はやる気をなくしてしまうからだ。もっと
も、任せすぎて結果が不調に終わればマネージャーも責任を負わなければ
ならないから、目標管理においては、「仕事を任せる」ことと、適切なタ
イミングでの「介入」のバランスを調整することがポイントになる。

（注）マイクロマネジメント：管理者である上司が部下の業務の細かいところま
　　で過度に監督・干渉を行うこと。箸の上げ下ろしまで一々指図するマネジメ
　　ントスタイルは、否定的な意味で使われることが多い。

評価の偏り（評価誤差）

　会社に勤める限り、あなたは会社から評価され続けるわけだが、人が人
を公平に評価するのは難しい。評価者が陥りやすい評価の偏り（評価誤差
と言う）パターンには以下のようなものがあるとされる。

【図表27】

評価誤差の代表例

名　称	内　容	具体例等
1．ハロー効果 (Halo)	何かひとつが良いと、何もかも良く見えてしまう傾向	明るく元気で、声が大きいと、仕事も良くできるようにみえる
2．中心化傾向	あまりにも多数の者を「普通」と評価し過ぎる傾向	日常接することの少ない部下に対して生じやすい
3．論理誤差	一見論理的に関連しそうな考課要素を不必要につなげて考える傾向	社交的であるから、営業センスはあるはずとみる
4．寛大化傾向	属人的な好意感情で事実より良く見てしまう傾向	親しい人物や、好感を抱いている人物に表れやすい
5．対比誤差	自分と反対の特性を持つ被考課者を過大もしくは過小に評価する傾向	几帳面な上司が、部下をだらしないとみる

資料出所：日経連経済調査部『1995年版春季労使交渉の手引き』150ページの
　　表をもとに、修正・加筆した。

　サラリーマンとしては、上司の評価にはバイアスが伴うものだというこ
とを認識した上で、こつこつと日々の業務に精励することしかないであろ

う。長い目で見れば、優秀な人の仕事ぶりは上下左右の様々な人に見られているから、適正な評価に収れんするはずである。忍耐はいるが、長期的視点で見ようとする日本企業の良さでもある。

上司が部下を評価するということ

上司と部下の関係とはどういうものか。

上司は部下を育成・指導・評価して成長を促し、組織として最大の成果をあげる役割を担う。これは、上司が総合的に見て部下よりも知識・経験・洞察力等の点で勝っており、教えるべき存在であることを前提としているが**現実はそうでないこともある**。筆者は、上司と部下の一般的な関係は、**競争者としての「一種の緊張関係」**ではないかと思っている。「仕事」を媒介にしながらどちらが良いパフォーマンスを挙げられるかを競い合う関係である。

部下に仕事の割り付けをする権限は上司にある。自分でやりたくない、あるいは、できない仕事を部下に押し付けるのも上司の権限である。人事考課の解説書には、部下が仕事で良い結果を出せなかった場合も、しっかりとフィードバックをすべしとある。**部下に仕事を割り付けた後、フォローをしなかったせいで成果が出なかったとすれば責任は上司にある**。「ネガティブフィードバックは自分の失敗を評価しているようなものであり、事務的に、客観的に行うというわけにはいかない」という本音が管理者の口から出てくるゆえんである。

（注）ネガティブフィードバック：目標管理において、不十分な成果しか出なかった場合にも、その評価をはっきりと部下に伝えること

もっとも、こんな感想を持つのは良心的な上司であり、**悪い結果を部下のせいにして平然としている**上司もいるかもしれない。いずれにせよ、部下と上司には「一種の緊張関係」がある。立派な上司に巡り合ったら、教えを乞いどんどん吸収していったら良いが、そうでなければ上司と競争するつもりで頑張ることだ。そうすることで、自分を成長させ、自らの市場価値を高めていくことができる。

会社に民主主義は必要か

　会社の自分に対する評価に不満を持つサラリーマンは多いが、「会社」に民主主義が必要かどうかを考えてみるとよい。「会社」は従業員のためだけにあるわけではないし、近代市民社会の大前提とされる民主主義が必須とされる場でもないように思われる。社長は従業員の総意や投票で選ばれる必要はないし、実際もそうではない。ワンマンで独裁者のような社長がいても、業績を上げ続けている限り取締役会で解任される例は少ない。

　要は、良い経営をしてくれれば立派な経営者と言えるのであり、その良い経営者を選ぶ権利は従業員にはない。自分が優秀であるという理由で社長に立候補する選挙制度も存在しない。自分は優秀だから将来社長になるべきだと思っても自分より2年先輩に優秀な人がおり、先にその人が社長になったとすればあなたが社長になる芽はほぼなくなる。しかし、これを不公平であるとはあなた以外の誰も思わない。会社にとっては、必要なタイミングで立派な経営者が確保されていれば良いのである。

　「経営改革に際しては、社長の役割が非常に大きいと分かりました・・・だから意志があれば大きい改革もできると感じました。「社長こそ会社の"ラストマン"（最終責任者）である」という感慨を強く持ちます。」
　　　　　　　　経営改革と企業統治　川村隆（元日立製作所会長）
　　　　　　　　　　　　　　　　　学士会報　No920（2016－V）

　川村氏は2009年に製造業史上最大の7873億円の赤字を計上した日立を2年でV字回復させた経営者である。みんなの意見を聞いて多数決で決めていたら回復はできなかったであろう。倫理観と優れた人格の裏付けのある経営者に引っ張られるなら、社内における民主主義が多少制約されるのはやむを得ないと言えまいか。

第2章　日本の会社で働く

（注）民主主義：語源はギリシア語 demokratia で、demos（人民）と kratia（権力）とを結合したもの。すなわち人民が権力を所有し、権力を自ら行使する立場をいう。古代ギリシアの都市国家に行われたものを初めとし、近世に至って市民革命を起こした欧米諸国家に勃興。基本的人権・自由権・平等権あるいは多数決原理・法治主義などがその主たる属性であり、また、その実現が要請される。　広辞苑

　【コラム】人事処遇における「予測可能性」

　これからの日本企業の人事処遇制度で考慮すべきポイントの一つは、処遇における予測可能性をどの程度まで下げていくかということだ。ありすぎるとモラールダウンになる。なさすぎると恐怖政治になり、いつもびくびくして上の顔色を窺いながら他人を出し抜くことばかり考えるようになる。
　一般に年功制の下では、企業内における自分の将来像について予測可能なことが多すぎる。

　入社して〇〇年経たなければ課長にはなれない、逆に、△△年待てばせめて課長くらいにはなれる…。一度エースと定めた社員には（よほどのヘマをしない限り）出世街道をずうっと走らせる…などという運用例は、伝統的な会社にはまだ残っているように思われる。これでは本人は手を抜くし、周りの者はやる気をなくしてしまう。社内での昇進レースでの入れ替え戦（リターンマッチ）をもっと厳しくやることが必要である。社内でロイヤルゼリーのように大事に育て、厳しい外部の競争環境に身をさらすこともさせずに神輿に乗せてしまうと、何ともひ弱なエリートになってしまう。本人にとっても周囲にとっても、会社にとっても、このようなエリート育成方法には問題が多い。

113

【図表28】

処遇の予測可能性と労働意欲

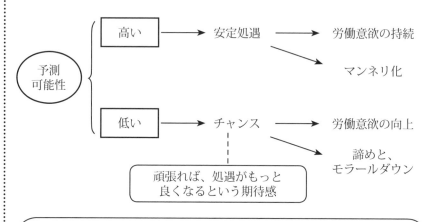

　外資系は、明日何が起きるか予測ができないほど変化が速い。朝出勤したら、会社売却のCEOメッセージをイントラネットで見てびっくりなどということもある。心を落ち着けて職務に精励できる環境から程遠いところがある。
　従業員が働く意欲を持ち続けて成果を出すために、「予測可能性」のバランスをどの辺で取っていくかが、実のところはかなり難しい。

第2章　日本の会社で働く

（7）人材開発：成長できるか

成長の方程式

　あなたは、会社生活で自分に何を付加していくつもりだろうか。長くいるつもりなら、成長する手だてを考えたほうが得である。会社の中で個人が成長するということは、自分の仕事において立派な成果が出せるプロになるということだが、「成果」は何によって決まってくるのだろうか。

　　行動科学者クルト・レビンの方程式：B＝f（p・e）
　　　B＝結果　　f＝関数　　p＝個人の能力　　e＝環境

　クルト・レビンの式によれば、結果（成果）は個人の能力と環境の掛け算で決まる。個人の能力が十分に発揮できるかどうかは、上司・部下の関係、職場環境、会社の経営方針等によって変わってくるということだ。スペースシャトルを設計する能力を持っていても、たこ焼き屋へ就職したのでは、十分に力を発揮することは難しい。能力があってもそれを使い切るチャンス（場）が与えられなければ、発揮することはできない。

　成果の要因から外的な環境要因を除き、個人の要因だけを分解すれば以下のようになる。

　　成果＝個人の素質（＝能力）×考え方（＝力を注ぐ方向）
　　　　　　　　　　　　　　　　　×やる気（＝力を注ぐ量）

　三つの要素の中で、周りに理解されやすく、しかも最初のうちは賞賛されやすいのは、「やる気」である。「彼は何事にも積極的で前向きだ」という賛辞は、仕事で一人前になる前によく受ける評価である。「やる気」を測る手段として安直な手立ては、労力、即ち「労働時間の長さ」であり、これは周りから見えやすい。新人時代から一生懸命残業していると「やる気」があると思われる。

　「考え方」は周りからは見えにくく、これを正しい方向に導くのは容易

115

ではない。毎日穴を掘っては埋める作業が意味のないことだと分からせることは難しい。「何もしないよりは何かをしたほうがまし」ということは一般に受け入れられている価値観だからである。しかし、手当たり次第に穴を掘ることだけで良いのかを考えることが、「やる気」を発揮する前になされなければならないステップなのだ。「考え方」は、価値観や人生観に通じるものであるが、各人が正しく考え、実践していかねば会社も社会も発展していかない。周囲を見渡して、誰が正しく考えているのかを見極めた上でそれにならっていくことから始めるのが近道である。

ローテーションの功罪

　日本の大企業には多くの従業員を対象としたローテーション制度がある（欧米企業にはないユニークなシステムと見られている）。ローテーションにカウントされるのは、

　　ａ．事業所間の転勤・・・東京本社→札幌支店への転勤など
　　ｂ．事業部・職種の異動・・・本社内での人事部から経理部への異動など
　　ｃ．関係会社への出向・・・米国子会社への出向など

であるが、製造業の営業や管理部門では４〜５年ごと、都市銀行など金融機関では、２〜３年ごとの異動が一般的であろう。ローテーションの得失を整理すると次のようになる。

第2章　日本の会社で働く

【図表29】

ローテーション制度の長所・短所

長所・目的	補足	短所	補足
（1）個人の能力アップ	幅広い経験を積むことで個人の視野が広がり総合的能力が高まる	（1）一時的な戦力ダウン	総論としては会社の戦力アップになるとしても、短期的にはベテランを抜かれた組織の戦力ダウンになる。後任者が本来の能力を発揮するに至るまでの復元期間をどれくらい見るかという問題に帰着する。人的余裕のない組織では、当面同じメンバーで走り続けるしかない。
（2）会社の総合力アップ	幅広い経験を有する人材を多数抱えることで会社の体力は強化される	（2）個人の生活設計とのバランス	特に転勤の場合には、家族の生活設計を大幅に修正せざるを得ず、そのために大きな代償を払わざるを得ないこともある・・・単身赴任、子供の登校拒否、妻のメンタル悪化等
（3）経営幹部候補育成	経営者になる前に色々な分野を経験させておく	（3）ローテーションに馴染まない人材も存在する	特定分野のエキスパートとして頑張ってもらったほうが、個人にとっても会社にとっても利益になる場合がある。
（4）会社の経営リスク回避	一個人しか分からない業務をなくす。いつでも代わりの人材がいる状態を保つ		
（5）不正防止	特に金融等。長く担当を続けさせることによる関係者との癒着・金銭問題での背信行為を回避するため		

　　ローテーション制度は、会社と従業員双方の活性化に貢献してきたと思われるが、ワーク・ライフ・バランスの点から見ると課題もある。**本人の事前の同意を取らずに半強制的に転勤（異動）させる会社があり、これが理由で会社を辞めた人もいる。専門職として実務を続けたいのに管理職に昇進させられてモチベーションが下がるケースもある。これらの点を考慮し、「勤務地限定社員制度」や「役員待遇の研究開発専門職制度」などを採り入れるところが増えている。今後はよりきめ細かく、本人の事情にも配慮したローテーションの運用を行い、会社も従業員も納得できる配置を実施していく必要がある。**

117

【コラム】社内研修はつまらない？

　長期雇用を前提にする日本の会社は、社員研修に力を入れている。社員研修は、社内研修と社外研修の二つに分類されるが、特に、社内研修についてはどれだけ本人が成長したのかという、投資効果の測定が難しい。

　理由は三つある。
①教育投資の効果は長い目で見ないと分からない。受講後半年後、1年後、数年後の成長ぶりを見るまで効果の判断はしにくい。

②本人の意識の問題。
　会社に入って数年経ち仕事に慣れてくると、「今さら、教育なんて」という慢心になりやすい。以下の英語の格言に示す通り、成長したいという飢餓感がないと、伸びることは難しい。
　You can lead a horse to the water but you can't make him drink.
　（馬を水辺に連れて行くことはできるが、飲ませることはできない）

③社内講師の質の問題。
　ベテラン社員や、管理職、経営幹部等に社内講師をお願いすることになるが、プロの講師としての訓練を受けていないせいもあり、お粗末な話しかできない人がいる。受講者からすれば、日頃、仕事で接している社員が偉そうに講師をやっても真面目に話を聞く気にならない。

　しかし、給与を保証され、仕事を離れて研修という時間をもらえるのだから、受講生同士の交流を含め何か身になるものをみつけようと努力すれば得るものはある（ダメな講師の講義を聞かされた場合も、「私ならこうする」とシミュレーションしながら、将来の社内講師依頼に備えることができる）。

(8) 働き方：効率をどう考えるか

パソコン社員論と時間管理

　時間は、誰にも平等に与えられている。どのように使おうが、同じ速さで進んでいく。

　サラリーマンの毎日は、忙しく体を動かしていれば何かをやったような気分になり、それなりの充実感を持てないこともない。朝から深夜までひたすらに仕事に打ち込んでいれば、何の疑念も持たずに毎日を過ごすことができるかもしれない。問題は、こういう会社人間が、ふと立ち止まった

時である。猛烈な忙しさからほんの少しだけ解放された瞬間に、「私は今まで何をしていたのだろうか？」と考えた経験はないだろうか。途端に、解が見つからずに煩悶することになる。

　自分では会社への忠誠心だと思っていたものが、実は違うということに気づく。「こんなに（長い時間働いて）頑張っているのに、なぜ（会社は）認めてくれないのだ？」という気持ちは見返りを求めて頑張る行為そのものであり、会社への忠誠心ではない。会社もその種の滅私奉公に応える余裕はなくなっている。

　労働には自己実現の要素が必要であり、そのためには時間をかけることだけで満足せず、中身の濃い仕事をして成果を出すことである。中身の濃い仕事とは、即ち、他の誰でもない、あなたでなければ出来ない仕事である。世界に自分しかいないとまでは言えなくても、業界、社内あるいは、部門の中ではできるのは自分しかいない、というような仕事ができるように研鑽していくことである。

　何かを成し遂げようとする場合、時間と労力をかけなければ成就しないのは確かであるが、日本のサラリーマンは、「労働時間＝頑張り＝成果」という図式にいまだに呪縛されているのではないだろうか。一生懸命にやっているつもりでも、無為に過ごしている時間が意外に多いかもしれな

い。「時間を会社に買い取られているのではない。これは、誰のものでもない、自分の時間である！」という自覚があればもっと大事に使いたくなるのではないだろうか。20 年ほど前に、清家篤氏（元慶応義塾大学学長）の「パソコン社員論」を読んだときに目から鱗が落ちた気がしたが、今でも通じる話だと思う。

　我々は、朝オフィスに行くとまず自分のパソコンのスイッチを「オン」にし、通常は帰るまでこれを「オン」の状態でつけっぱなしにしておく。これと同じように、会社や上司にとって若手ホワイトカラーは、オフィスの開いている間は常に「オン」の状態になっているのが当たり前だというのである。我々はパソコンをつけっぱなしにして使うけれども、いつもそれを使っているわけではなく、必要なときにだけキーボードに向かって動かしている。たとえば、17 時を過ぎて仕事をする課長が、急に仕事を言いつけたいときにそばにいるように、待機のような形で埋め草仕事をしている状態を、パソコン社員論は示している。（参考文献：清家　篤　「仕事に潜む長時間労働のワナ」労政時報第 3088 号）

　筆者の勤めた会社のある事業部に猛烈に残業することで有名な取締役事業部長がいたが、部下同士で飲み会をするときはパソコンを立ち上げたままの状態で退出するようにしていた。飲み会が終わったら会社に戻る意思があることを示すポーズである。実際に戻ったときに事業部長が帰宅していれば、やれやれと、パソコンを閉じて帰宅の途につくということが実際にあった。こうなるのは上司にも問題はあるだろうが、部下としても、パソコン社員としてではなく成果で評価されるよう、密度の濃い仕事をするように心がけるべきである。そのかわり、やるべきことが済んだらさっさと帰れば良い。上司の顔色をうかがって残業（の真似）をする必要はない。

第2章　日本の会社で働く

効率的な文書の作り方（Once-Upon-A-Time Format を避ける）

仕事で E-mail や報告書を書くときは、「結論から書け！」と指導されるが、実際にはそうなっていないケースも多い。

「昔むかし、あるところに、おじいさんとおばあさんがおりました。おじいさんは山へ・・・」というように最後まで読まないと結論が分からない文章を読まされると、イライラしてしまう。

このようなスタイルを、Dianna Booher による E-WRITING（21st-Century Tools for Effective Communication）では、"Once-Upon-a-Time Format" と命名しており、興味深く感じた。

"A common tendency is to structure documents in the once-upon-a-time format-to start at the beginning of a situation and write to the end of the information you have about the subject."

ロシェル・カップの著書「ビジネスミーティングの英語表現」では、以下のように書いてある。

「…日本人の話し方は「起承転結」で流れていくので、結論が最後になります。欧米の人にはこれが非常にわかりにくいようです…アメリカの表現を使えば、聞いている人は、Where's the beef?（中身（要点）はいったいどこにあるのか）という気持ちになるのです…」

ビジネスの世界はタイム・イズ・マネー（Time is money）だから、その通りである。

しかし、仕事を終えて家に帰ったとき、妻が、一日の出来事について、Once-upon-a-time スタイルで話すのをさえぎって、「要するに、何？」と

聞く自分を振り返ると、短気で度量の狭い夫だと気づかされる。仕事以外の世界では、小さい頃に親から聞かせてもらった「昔むかしあるところに…」というような物語を、目を輝かせて聞ける人間に戻りたいと願う。

仕事の完成度と上司

　手でこね回すように、丁寧に仕事をしている者がいる。子供がままごとの茶碗や箸をいじくり回すように、際限なく時間をかけて書類を作成している者がいる。本人からすれば、少しでもましな作品にしようと努力している（あるいは、そのように周囲に見せかける）つもりかもしれない。しかし、これは会社の仕事における根本的なことを見逃している。仕事の完成を決めるのは本人ではないのだ！

　決めるのは上司である。どうせ修正が入るに決まっている。とすれば、八分目程度の出来でさっさと上司に相談してしまったほうが良い。チームで仕事をするというのはそういうことだ。少ない労力で最大の成果を上げるためにはどうしたらよいかを考えながら、仕事を進めるのが良い。それが組織と個人の双方に良い結果をもたらすのである（研究開発等、業務の性質によっては当てはまらないものもあると思うが）。過度の丁寧さは、仕事の遅れと長時間労働の一因にもなり、有害ですらある。

　もっとも、あまりに出来のレベルがお粗末で、大量に修正を入れなければ使えないような代物を提出すると、本人の能力を疑われるからこれも困る。どの程度のレベルなら合格点がつくかについては、上司が日々の業務を通じて、本人に伝えるようにしていかなければならないし、本人も日々のやり取りの中でそれを感じ取っていかなければならないのである。

　2018年、日本国政府が本気になって「働き方改革」を進めようとしていること自体は、良いことだと思う。ＩＴシステムや仕事の手順の明確化等により進展はあると思うが、一方で、一人一人の意識を変えていくことも重要である。仕事は、（それを提供する）顧客の方を向いてすべきものだから、まずは、顧客目線の代わりとして、上司のチェックを意識した方がよい。自己満足でしていたら時間がいくらあっても足りない。

第2章　日本の会社で働く

　【コラム】ＡＩと仕事

　2014年、オックスフォード大学准教授のマイケル・A・オズボーンとカール・ベネディクト・フライが発表した論文『雇用の未来』は、世界的な議論を巻き起こした。ＡＩ（人工知能）の進歩に伴い、スーパーなどのレジ係やレストランの案内係、ホテルの受付、スポーツの審判、銀行の融資担当者など、身近な仕事がこの先なくなる可能性があることが示されていたからだ。最近では、将棋や囲碁の第一人者がＡＩに負けるまでになった。今後益々、ＡＩに取って替わられる職種が増えていくだろうと言われている。
　他方、「会社」というものの存在意義や形も、ＡＩの進展とともに大きく変わっていくだろうと思う。

　「良い組織」や「最高の業績を上げる会社」についての書物が巷に溢れているが、理想の会社などというものはないと思う。「他人の時間を長期にわたって拘束し、会社の目的のために働かせる」という形は、産業革命以後の欧米で200年あまり、日本では150年の歴史しかない。人類の歴史の中ではごく短いこの特殊な期間に作られた特殊な形…生計費を得るために、家族と過ごす時間を奪うシステム…が未来永劫、今のままで続くとも思えない。不自然な形だからだ。人生を終える瞬間に、家族のことではなく仕事や会社のことを思い出す人間がどれだけいるだろうか。家族や愛する人達の絆より上回る価値を持つ組織を作ることなど不可能だ。

　ゆえに、ＡＩやＩＴ機器の普及に伴い、皆が一か所に集まって仕事をする形は徐々に崩れていくと推測する。

　個人の自主性やゆとりにもっと配慮し、愛する者たちとの時間を大事にできる形…それは大企業よりもむしろ、零細企業や（農業を含む）家内労働になっていくだろう。昔は沢山あった形に、徐々に先祖返りしていくものと想像している。

(9) 組織：肩書にこだわるか

管理者の役割

　担当者から部下を持つ管理職に昇進することは、島から離れて席を数メートル移動する以上に大きな開きがある。これまでは自分の仕事さえできれば評価されたが、管理職には部下や上司をうまく使いながら組織として最大の成果を挙げていくことが期待されている。上司の方ばかり向いて仕事をすれば「ヒラメ」と揶揄されるが、部下のケアばかりして上司への報・連・相を怠っていればこれ以上の出世は望めない。他部門や外部との利害の調整もやらなくてはならない。困難な状況に直面して感情的になれば職場の雰囲気を悪くする。組織を引っ張っていくために最高の「役者」を演じることが必要だが、一朝一夕に役者にはなれない。**管理手法に関するテキストで学ぶことも重要だが、失敗しながら学んでいくことが結果的には早道かもしれない**（部下になった人には申し訳ないが）。

【図表30】

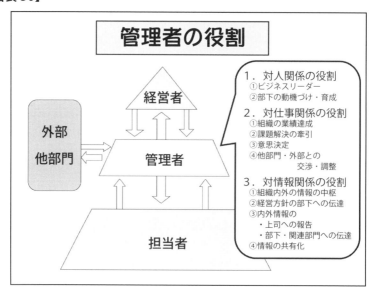

第 2 章　日本の会社で働く

会議と根回し

　断定してしまえば、日本の会社の会議の大半は議論をする場ではなく、事務局が用意した原案を通すための儀式である。だから、関係者への事前の「根回し」が必要となる。根回しとは、会議や交渉を円滑、有利に運ぶために、非公式の場で合意の形成をはかることで、国際会議や外交交渉ではよく用いられる手法である（ちなみに、英語では、Consensus Building という）。

　ビジネスミーティングで根回しを多用するのは日本企業の際立つ特徴のようである。

　事前に根回しをして同意を取り付けていたはずの出席者が、会議の席上で反対意見を表明しようものなら、会議終了後に、事務局担当者が上司からこっぴどく怒られることになる。

　本来会議は、あるテーマについて議論をして結論へ導くものであり、根回しなどせず席上で堂々と意見をたたかわせれば良いというのが教科書的な回答になる。外資系企業では根回し的なカルチャーは少ないようである。一方、根回しをしておくことで問題点が明らかになり、事前に必要な修正をすることでより良い結論に導くことができるという利点もある。一概に根回しが悪いとも言いにくい。

　経験上、席上の議論で結論を出せる会議の理想的人数は 5 人前後であり、10 人を超えたら御前会議や一方的な伝達儀式になってしまうから、多人数出席の会議の根回しには意義があるが、会議の準備に時間がかかりすぎる点は、スピーディーな経営の観点からはやはり難点となる。

サイロ・メンタリティーと畑

　数千人以上の規模の会社に入社して、一応の仕事ができるようになる頃に、一つの事実に気がつくはずである。上司や先輩であっても部門や組織を超えた人的ネットワークを意外なほど持っていないということである。

　大企業も、実際には色々な事業の集合体で成り立っており、ひとたび、ある事業部門に配属されると基本的にはその事業組織の中で異動を繰り返

125

しながらキャリアを積んでいくことになる。発電機、鉄道車両、自動車部品、建設機械、家電品、ＩＴソリューションシステム等を手掛けるコングロマリット(**多角的経営を営む複合企業**)があるとして、そのすべてを経験させるローテーションは、(社長候補を育成する場合を除けば)効率が悪く現実的ではない。よって、会社の中に、原子力事業畑、鉄道車両事業畑、発電機事業畑、等々、色々な畑ができる。複数の畑を経験した人は少数派になる。

　事業毎の畑の他に、職種・機能(Function)別の畑もある…営業畑、研究開発畑、経理畑、人事畑等である。幹部養成のため、人事→経理→営業などと、意図的に複数の畑をローテーションさせる人事施策を採り入れる企業も増えてきてはいるが、基本はどこかの畑にルーツを持たせて育てていくパターンである。でないと根無し草になってしまうからである。

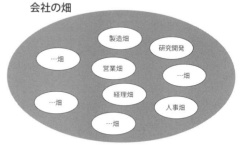

　このようにサラリーマンは、目に見えない畑の境界線の中で育っていくことが多いので、属する組織や畑を越え、会社全体の利益を考えて行動しようとする意識は醸成されにくい。サイロ・メンタリティーとも言う。サイロ・メンタリティー(Silo Mentality)とは、組織が縦割り主義になってしまい、他の部門や会社組織全体よりも自分の部門の利益だけを考える傾向のことを指す。

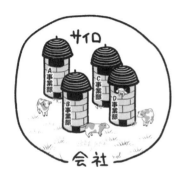

　だが、サイロ・メンタリティーを持ったままで社長になることは難しい。社長の任務は、会社全体の発展を考え、従業員の飯のタネを育てていくことだから。人事や経理などのバックオフィス部門も同じである。会社全体のために奉仕するのが役割だからだ。

第2章　日本の会社で働く

　飲み会などを通じて、仕事以外の部門を超えた非公式なネットワークを作っておくと、他部門の色々な話を聞くことを通じてサイロ・メンタリティーを予防できるし、困ったときに手を差し伸べてくれる部門外の人間を確保できる。

　会社組織で生き延びていくには、単に仕事が出来るだけでは不十分で、色々な人脈を作りサイロ・メンタリティーを予防しておくことが生命線になる。

肩書の示すもの

　○○部長といった肩書は、組織の中における役割と権限を示すものであるが、担当職務の市場価値や専門性の深さを表すとは限らない。職種自体が社会に通用するものであれば、内部の階層を示す名前を付ける必要はない。会社組織を超えた職務の価値が認知されていないからこそ、肩書の持つ意味が大きくなる。弁護士、建築家、作曲家等々、これらは、組織に属することはあっても、職種そのものの価値で外部から認められ、それなりの敬意を払われる。

　「会社」には、肩書に執着する人がいる。部下や周りからは、肩書に執着しする人の浅ましさが透けて見える。事業部長として外部から採用した立派な経歴の人がいたが、入社から3か月も経たないうちに複数の部下から苦情が殺到した。「こんなレベルの低い案件を、事業部長である私に相談してくるのか？！」というような高圧的な態度で部下に接し、ある年上の部下の人は、「この人のために残りの人生を捧げる気にはなれない」と退職していった。部下がついてくるかどうかは肩書ではなく、人格・人間性によることを肝に銘じたい。

127

上司のタイプ

> 「・・・私も権威の下にある者ですが、私自身の下にも兵士たちがいまして、そのひとりに『行け。』と言えば行きますし、別の者に『来い。』と言えば来ます。また、しもべに『これをせよ。』と言えば、そのとおりにいたします」
> マタイによる福音書8：9

聖書に登場する百人隊長のように、部下に命令すれば何でも言うことを聞くと思うのは大きな勘違いである。「情」の部分に配慮をしなくても、部下をロボットのように使いこなせると思う管理職は、失格である。部下にも人格があり、何が本物かを判断する力もある。「自分にはないもの、この人についていけば大丈夫と思わせる力」を上司に発見して初めて、心底ついていくのである。

不幸にして、そうではない上司に巡り合ったら、これも試練と思ってやり過ごすことである（もっとも、駄目な上司を支えるために必死に努力していく過程で、自分が成長することもあるので悪い面ばかりではない）。

元来、人間には一見すると矛盾する二つの願望が混在しているようである。一つは、「誰にも支配されたくない、自由でいたい」という願望であり、もう一つは、「素晴らしいリーダーや指導者についていきたい」という願望である。これと仕事をこなす能力という軸を組み合わせると、図に示す4つのタイプに分かれる。

【図表31】

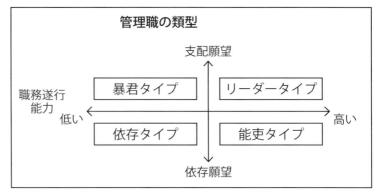

第2章　日本の会社で働く

　職務遂行能力が高く、人を引っ張っていく意志のある真のリーダーになら多くの部下は喜んでついていくだろう。しかし、能力はあっても人の上に立つことに興味がない者（能吏タイプと呼ぶことにする）の下につくと組織はまとまらない。

　能力もないのに支配願望ばかりが強い人（暴君型と呼ぶ）の下についたら、理不尽な命令に服従するばかりで仕事の成果はさっぱりあがらない悲惨な事態を招くことになる。能力も人を引っ張る意欲もない人は、管理職としては論外である。
　年功型の日本的人事を続けていると、このような管理不適格者でも管理職に登用されてしまうことがあるので要注意である。

理想の上司の落とし穴

　会社は組織であり、部下は上司の指揮・命令に従って仕事をする。上司の能力と人格次第で組織の効率は違ってくるが、**プロの職業人としての自律（自立）という視点で見た場合、理想の上司に仕え続けることが良いとは言い切れない面もある。**

　素晴らしい上司に仕える経験をした。その人事部長は、相手が社長だろうが会長だろうが、人事としてやるべきこと、正しいことを説明し、必ず、承認を勝ち取ってきた。愛、正義、誠実、親切、善意を体現し、労働組合幹部や同業他社の幹部からの信頼は絶大、困難な時期の交渉も「あの人がここまで言うなら…」ということでまとめ上げることができた。正に理想の上司であったが、いつしか、筆者を含め部下の多くは、「部長に頼めば何とかなる」という依頼心の固まりになっていた。

　専務取締役を最後に彼が引退した後、残された者が自律的に動けるようになるまで時間がかかった。筆者は人事部労政課長を任じられたが、労使の信頼関係の基盤を崩してしまい、修復に手間取ったことを忸怩たる思いで記憶している。

129

「あの人について行けば大丈夫」という感覚は重要だが、リーダーが立派すぎると、依頼心のかたまりの部下ばかりになってしまいがちである。有能な上司がいつまでもいることはありえないという事実を心にとめておくことは、サラリーマンを生き抜くために大切なことである。

 【コラム】相性（Chemistry）とチームワーク

　「企業」は「組織」であり、「組織」は「人」の組み合せで成り立つから、上司と部下や、同僚といった、人と人との相性（Chemistry）が組織としての業績を大きく左右する。

　ある部門で人材を外部から採用することになり、最終候補者が2人に絞られたとする。担当職務に必要とされる専門スキルや経験は同程度であるが、性格は正反対で、上司との相性も正反対の候補者である。どちらを採用すれば良いかは明白で、上司と相性の良い方を採用する。若い頃の筆者は、自分の業務能力を過信し仕事で上司にしばしば楯突いた。「優秀なのだから、評価してくれるだろう」と思い上がっていたが、世の中は甘くないことを後に知ることになった。

　大企業なら、とりあえず、色々なタイプの人材を揃えておけば、最初の配置で上司とうまくいかないことがあってもローテーションや人事異動で別の上司と組ませることで解決できる。多くの外資系を含む中小企業ではそうは行かない。相性の良くない組み合せをしてしまうと組織効率が下がり、他の組織にも悪影響が及ぶ。職場が混乱した際の解決策（代償）は、社外への転身になるケースが多いから人を採用するときには、配属予定の職場の人間との相性を考えることが必須になる。

　メンバー同士の関係性によって、チーム全体のパフォーマンスが良くも悪くもなる。音楽で言えば、チームメンバーの関係性はオーケストラとジャズ・ロックのバンドに例えられるのではないかと思う。強

烈な指導者の下で、メンバーが各々の役割を守り、指導者の命ずる作業をする組織がある。これは、オーケストラに相当する。メンバーにとって楽しいかどうかは分からないが、組織として一定の仕事はできるだろう。

　他方、ジャズのバンドでは、サックス、キーボード、ギター、ベース、ドラム等、各々のパートの役割を前提に、互いに刺激しあい、時に競い合うように即興演奏の掛け合いを行いながら、一生に一度しかできないような作品を創造する・・・メンバー一人ひとりが十分な技量と自律性を持ち、チーム全体のことを考えられるレベルであれば実現できる世界であり、**筆者にとっては理想の世界である**。

(10) 会社生活：マインドセット (mind-set) が重要

大企業病

　大きな会社に長く勤めていると、会社のブランドや名声を、自分の価値であると錯覚して相手に居丈高になることがある。会社の看板を一身に背負って注文を取っている気になるが、相手は最初からあなたなど見ておらず、あなたの属している会社を見て取引をしていることに気づいていない。

　現実には、大きな組織の中で個人に与えられる役割は限定されている。分業である。大きな会社に入って、人事も経理も営業も研究開発も経験することは稀である。中小企業では、分業などさせている余裕はないから、何でもやらせる。人材を使い切るという意味ではむしろ進んでいる。

　大企業に籍を置きながら、マルチに役割をこなして自らを成長させるチャンスもある。国内外の子会社への出向である。子会社では多くの人員を抱えていないから、何でもやらされるかわりに、自分の責任で大きな判断を下せる場面も出てくる。特に、海外会社に赴任すると、ポストは2ランクくらい上がる。国内ではヒラに過ぎなかった者が、大勢の従業員を率いるマネージャーになるのである。海外では、相談できる日本人は限られている。ピラミッド組織での分業に慣れっこになった人間には、何もかも自分で決定し責任を取ることに最初はとまどいを感じるかもしれないが、意欲と情熱（パッション）のある者には、やりがいのある経験となる。

　ただし、あまりに適応し過ぎて思う存分に暴れてくると、親会社に復帰したときには、旧態依然の複雑かつ細分化された組織に順応できなくなってしまうこともある（逆カルチャーショック）。
　採用面接をしていると、海外から帰国した後の国内事情に嫌気がさして転職してくる人に会うことが多いが、要は、自分次第だと思う。現状が嫌で飛び出すという動機だけではどこに行っても成功はしないだろう。自分に何ができるか、何をやりたいかをしっかりと把握して行動に移すことである。でないと、大企業でロイヤルゼリーのように保護されていたことに、辞めてから気づいて後悔することになりかねない。

ポジティブ・シンキング

「或ることが君にとってやりにくいからといって、これが人間にとって不可能であると考えるな。」　　マルクス・アウレーリウス　自省録

　毎日の生活に慣れてくると、人間は余計なことを考えなくなり、どちらかと言えば、否定的・消極的な態度になりがちなものである。しかし、自分の脳に肯定的・積極的なイメージを植え付けることによって、人生や自分自身に対する考え方を望ましい方向に変え、成果をあげていく方法がある。ポジティブ・シンキング、すなわち、「なんでも前向きに物事を考えればそれは実現し、人生はうまくいく」という考え方がそれである。

　たとえばウエイトトレーニングに関して、自分が積極的に評価できる点、つまり長所を三つ書き出してみる。以下に示すリストを参考にしてもよい。
・元気がある　・積極的である
・自信がある　・知識がある
・やる気がある　・意志が強い
・熱意がある　・経験がある
・有能である　・野心的である
・体力がある、力が強い
・臨機応変の知恵がある

　次は、自分に欠けていて、あったらいいと思っている資質を三つ、先の三つの長所と同じ紙に書きだす。

　今度は自分に対する「声明文」を作る段階に進む。自分の長所としてあげた三つの点から、いま特にトレーニングの目標達成のために役立つと考えられることを二つ選び、さらに自分にあればいいと思っている資質として挙げた三つのなかから、特に望ましいと思うものを一つ選ぶ。こうして選んだ三つの資質を書き並べて、次に、それを使って次の文章を作ってみる。

　　「私は…であり、…であり、また…である」

　例えば、「私には勇気と自信があり、また自分を信じている。」などと、

心の中で唱えるだけで、力が湧いてくる。ベンチプレスで最大挙上重量を上げる直前に『私には力がある。』と心の中で唱えると不思議と挙がる。

仕事に対するとらえ方も、積極的に考えるか否かでは、周囲への影響も含めて大きな差が出てくると思われる（以下の図を参照）。

【図表32】

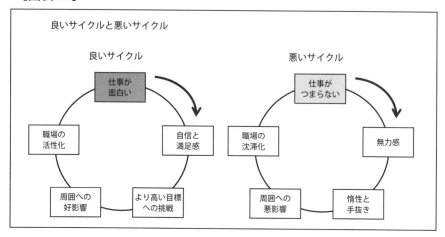

エンゲージメント（Engagement）

日本企業の社員はモチベーションが低いとして、その指標としてエンゲージメント指数を挙げる論客がいる。国際比較では、日本人のエンゲージメントの数値が異常に低く出るのはよくあることで、筆者が勤める会社で行ったエンゲージメント調査でも同様の結果が出た。しかし、これはモチベーションが低いということを必ずしも意味するものではない。欧米人に比べて何ごとにも控えめ（modest）で、自己評価を低くする傾向のあるのが日本人だからであり、この特性は悪いことではないと思う。満足しないということは、高い目標に向かって自己成長のエンジンが持続するということでもある。

エンゲージメント（engagement）の文字通りの意味は、「約束」や「婚約」である。経営用語としては、社員の会社に対する「愛着心」や「思い入れ」

を表現する言葉であり、今日では、多くの欧米企業が「従業員エンゲージメント」の向上を最優先課題の一つとして挙げている。自発的に行動し、仕事に熱中する社員、仲間を信頼し合い、組織の成功のために一丸となるチーム、そして高い業績が実現できれば、会社にとっても、理想の組織であろうが、エンゲージメントのような心のあり方を数値で比較すること自体にある種の胡散臭さを感じてもいる。

　元々の語源である「婚約」のアナロジーで考えると分かるのではないだろうか。「婚約」の先には「結婚」があり、人生の本番はむしろ結婚してからである。いつまでも熱愛し、互いに信頼しあい…理想であるが、現実的ではない。思い通りに相手を操ることができずに呻吟しつつも、人生の困難を乗り切っていく中で忍耐力が身につき、人格が洞爺されていく、これが結婚生活の醍醐味だ。企業と従業員の関係だって似たようなところはあるだろう。いつまでも蜜月とはいかないが、お互いを認め合い、ときに対立し、譲り合い、共に成長していければ良いのではないか。

　艱難が忍耐を生み出し、忍耐が練られた品性を生み出し、練られた品性が希望を生み出す
ローマ人への手紙 5：3-4

【コラム】男のアイディンティティと女性の輝き

　これまでの日本の企業社会は主として男によって運営されてきたと言ってよい。女性蔑視の企業社会と言われながらも、日本の経済は世界史の奇跡とも言うべき成長をしてきた。「食い扶持は男が稼いでくるもの」という固定観念の下で、がむしゃらに「男」が頑張ってきた結果なのであろうか。これまでは、働いて稼いでくることが「男のアイデンティティ」であった。賃金も、資格制度等の中で理屈をつけながら、男に手厚い配分をしてきた。能力が多少足りなくても、「男」であることで「稼ぐ」という役割を与えられ、企業もそれに応える仕組みを維持してきた。

　「これからは、少子化も進み労働力人口が減るので、高齢者と女性（並列に書かれるのが一般的である）の活用（まるで物を扱うみたいな言い方だ！）が急務である！」と声高に言われる。しかし、少子化が進まなくとも、能力のある女性に男性と同じチャンスが与えられるのが理想の形であり、普通の社会である。

　もっとも、社会の安定・発展にとっては、良いことばかりでもない。
　優秀な女性は、ますます企業社会にどっぷりつかり、仕事に邁進する。結婚も遅くなる。結婚してからも働くから、嫌になればすぐに離婚する（経済的裏付けがあればたやすく離婚する風景は、芸能人や米国社会に見ることができる）。他方、女性という新しい競争相手を迎えた男性の中から能力が足りずに脱落していく者が増える。「働くことが男のアイディンティティ」と言えなくなってくる。落伍者のレッテルを貼られた彼らは、良いお婿さん候補のリストからもはずれていく。

　今まで、男性に手厚く配分されていた賃金が、女性に流れるようになり、結果として、男の賃金水準は下がっていく。結婚しても、共働きしなければ食べていけなくなる。平成28年の民間給与実態調査（国税庁）によれば、年収800万円を超える給与所得者は、男性では全体の13.7％なのに対して、女性は2％に留まっている。女性が定年前に職業生活からリタイアしないで、第一線で頑張り続ければ、女性

の高給取りの比率は上がる一方で、男性のそれは下がっていかざるを得ないだろう。会社の財布は一つだからである。男どもは、今までの社会システムに守られ女性より得をしてきた現実を直視し、真の実力で闘っていく気構えを持たねばならない。

　働く女性についてひとこと。

　筆者は、日米異文化研修等を日本に広めてきたＯさんや、グローバル人材教育の立上げにともに奮闘したイタリア人のＧさん（現在は大学教授になっている）など、サラリーマン社会で一色に染まった男性諸兄とは違った輝きと独創性を放っている女性達に出会った。とりわけ、Ms.L.G のことは忘れられない。英国ブラックプール出身、ブロンド。現地を訪れた日本人男性に一目惚れして日本まで追っかけて来た行動派。彼との恋はかなわなかったが、偶然知り合った別の日本人男性と交際するようになり結婚まで考えたが、田舎の旧家出身の親の意向に引っ張られる彼氏との間に溝ができた。

　そんな時期に、会社が用意した新入社員向けの英会話授業の生徒として彼女に出会った。授業が終わると生徒達と一緒に飲みに行く気さくな彼女。人気もあった。そのうち、退勤後や休みにデートをするようになった。彼女との付き合いを通じて、ものの考え方や人生のA to Z を学んだ。前向き、冒険心、行動力、社交性（彼女の周りにはいつも友人がたくさんいた）、他人がどうだからではなく自分がどう考えるかが一番重要であることなど…。

　学生から社会人になったばかりの自分は、様々な固定観念にとらわれていた…「会社人間はこうあらねばならない」「男はこうでなければならない」「女は…」等。飲みながら口論する中で、彼女はそれらをことごとくぶち壊してくれた。ここから "Identity〈独自性〉" とは何かを学んだ。

　彼女に限らず、男性より自由で独創的な発想を備え、輝いている女性がそここここにいると思われる（男性諸兄が気づいていないだけである）。

(11) 退出：引き際

すぐ辞めたら人生の落伍者か？

・・・奴隷のように働いていた。私は、はたして自己をとりもどすことができるのだろうか。いや、できそうもない。私は憐むべき落伍者なのだ。なにもかもうしなってしまったような気がした。・・・もう少し太陽の光にあてられたら腐ってしまうかもしれない。熟する前に腐ってしまうのだ。

ヘンリー・ミラー　南回帰線　大久保康雄訳

　会社生活に入ってほどなくして、仕事や人間関係などで耐えがたいほど悶々とした気持ちになったら、このまま妥協して行くべきか、進路を変えるべきかを悩むべきである。赤提灯の下で、会社や上司の悪口だけを言っても始まらない。毎日、ただ漫然と働かされているような気分になったり、周囲の人が、考え方や行動様式の点で自分と全く違う人間に見えたりして、しまったと思ったら、早く出直したほうが良い。

　筆者の場合。最初に内定をもらった会社で、1年上の同窓の先輩十数名が開いてくれた歓迎会に出たが、1年でこんなにも変わるのかと思わせるほど、皆一様に疲れた表情をしていることが衝撃であった。長髪が普通の学生と違い、全員が後ろにバリカンを入れているのは分かるとしても、どことなく皆の人相が似ているのを発見して恐ろしくなった（「俺も1年後はああなってしまうのか！？」）。顔にはこう書いてあった。『僕らは、会社に飼われているんだ。お前らだってもうすぐ学生時代のような気楽な生活はできなくなるんだぞ！』

　日本的雇用慣行が崩れ、転職が珍しくはなくなったが、長く勤めてから会社を辞めると失うものは多い（苦楽を共にした同僚や先輩と別れるときには、後ろ髪を引かれるはずである）。自分と会社や仕事のミスマッチに気づいたら、そして、会社にとどまってもそれを修復することが難しいと感じたら、早く辞めて出直したほうが良い。

言われる前に身の振り方を考える

　前の会社の同期から早期退職したとのメールが入るようになった。「田舎に帰って、これからのことをじっくり考える」、などというコメントが添えてあったりする。人の人生だから余計なお世話かもしれないが、もしもの場合に備えて日頃から考えていれば、もう少し準備はできていたかもしれないのにと思う。

　筆者は、日本企業を早期退職し外資系企業へ転職した。それまで勤めていた会社はリーマンショック以降5年連続の赤字となり、約3000人のリストラをした。名前すら知らなかった欧州系医療機器メーカーの日本販売法人に転じ、周囲に支えられてなんとかやってこられた。

　退職を余儀なくされた同期の面々のほとんどは、自分の職務経歴書（Resume、CV）すら書いたことがないだろう。一流企業というシェルターに入ったら定年まで安泰でいられるという幻想の中でここまで来てしまったのではないか。日本企業のシステムの問題だという評論家もいる。確かに、50歳になってから支給カーブの立ってくる退職金や、ローテーションシステムは早期に辞めさせないための制度であった。だが、それだけのせいではないと思う。

　自分の人生をどう考え、設計するかは、やはり自分自身の問題だ。自分の適性・能力・経験など、労働力としての商品価値を常に棚卸ししておかねば生き残れない世の中になっている。

　人生100年の時代、年だからとあきらめてしまうには早すぎる。今からでも遅くはない。まずは、職務経歴書の書き方を学ぶところからでも始めてみよう。

【コラム】早期退職

　1980年代までの日本の大企業はよほどのことがない限りつぶれなかったし、従業員の整理（解雇）はしないものだった。「終身雇用」という表現のとおりに、定年に向け年次管理・順送り人事を行っていた。
　1990年代初頭にバブルがはじけてから状況は一変し、斜陽産業や国際競争力を失った産業は、「リストラ」という名の下に従業員削減を行って事業再生を図ろうとした。人件費はコストの主要部分であり、利益が減少傾向になると経営としてメスを入れざるを得ない部分となる。

　コスト削減のステップとしては、時間外労働削減に始まり、旅費他の諸手当水準切下げ、賃金カット、賞与水準引下げ、正社員から非正規労働者への切替え等、様々な方策へと進んでいくが、それでも利益の減少分をカバーできなければ、早期退職を軸とした人員削減に向かう。

　「早期退職制度」は、企業がリストラ（人員の削減）の一環として行うものであり、使用者が定年前の退職における有利な条件（退職金割増支給等）を提示し、労働者が自らの意思でこれに応じ労働契約の解除をすることをいう。会社がアウトプレースメント会社に委託する形で再就職の斡旋をすることもあるが、現役時代と同水準の報酬を確保することは難しい。退職金加算には、再就職による減収分を補う意味合いもある。

第2章　日本の会社で働く

　2013年から2018年初頭にかけて公表された1000人規模以上の早期退職募集データを以下の表に示す。

【図表33】
早期退職募集状況

年度	会社名	募集人数	業界	備考
2013	パナソニック	5,000	電気機器	2015年度までの中期計画
	東京電力	2,000	電気・ガス業	
	富士通	1,900	電気機器	
	日本たばこ産業	1,600	食料品	
2014	ルネサスエレクトロニクス	1,800	電気機器	
	ソニー	1,500	電気機器	
	日立化成	1,000	化学	
	東京電力	1,000	電気・ガス業	50歳以上の社員
2015	シャープ	3,500	電気機器	
	東芝	2,100	電気機器	
	メイコー	1,850	電気機器	
	ソニー	1,500	電気機器	
2016	ニコン	1,000	精密機器	
2018	日本電気	3,000	電気機器	中期計画
	富士フィルムＨＤ	10,000	化学	

2018年2月現在　各社ＩＲ情報、新聞記事等より

　人事担当として数千人のリストラにかかわり、自らも早期退職に手を挙げた。日本の大企業で大勢の上司・部下に囲まれ日々を送っていた頃が、牧歌的な風景としてよみがえる。それなりの不満は抱えていたが、雇用の身分を失う不安に比べれば気楽なものだ。

　外資系に身を置く今、明日は同じ状況ではないかもしれないという緊張感の中で日々全力を尽くす。多くの人がやって来ては出て行く。日本の大企業と違うのは、皆、自らの意思で、自らのリスクにおいて移動しているということである。

第３章

新「会社人間」主義
―まとめに代えて―

(1) Character Counts（人格がものを言う）

リーダーシップと品格

　人事担当者として30年以上働いて、「品格」の大切さに気付いた。

　部下は、「○○本部長や、△△取締役・・・」という肩書だけで、上司の命令を聞くわけではない。クビになっては、明日からの糧に困るから、表面的には従うかもしれない。だが、本当のところは、「この人のためなら、頑張ってついていこうと思える上司」のために働きたいと思っている。

　生産性出版で訳された「アメリカ陸軍リーダーシップ　Be Know Do」という本に、以下のような説明があった。

　…リーダーシップとは、おもにリーダーの「品性と品格」に関わるということだ…もしわれわれの組織の動機づけが、「ニンジン」と「ムチ」にもとづくとしたら、常にその組織は、たくさんの大きなニンジンを提供する者たちの思いのままだ。また、ムチはコミットメントではなく、せいぜい服従を確保するだけだ…

　生きるか死ぬかの戦場で闘うリーダーには、この人のためなら、という「品格」が必要だ。社会の様々な場で与えられた役割を果たそうとしている人たちにも同じく必要だ。我々だって、日々、生きるか死ぬかの緊張感を強いられながら闘っているのだから。

　For whoever exalts himself will be humbled but he who humbles himself will be exalted.
　だれでも自分を高める者は低くされ、だれでも自分を低くする者は高められるのです

マタイによる福音書 23:12

エモーショナル・インテリジェンス（EQ）

　採用面接のプロセスは会社によって異なるが、営業・技術・財務等募集ポジションの部門のマネージャー（Hiring Manager と言う）の面接と、人事マネージャーの面接は欠かせないステップになると思われる。部門責任者の面接では、募集ポジションの Job Description（職務記述書）に見合う経験とスキルを有しているかを中心に、同じチームメンバーとしてうまくやっていけるかという人柄や相性（Chemistry）も当然見ている。

　では、人事は何を見ているのか？

　あえて一つを選ぶとすればエモーショナル・インテリジェンス（EQ）であろう。EQ は、感情の知性・こころの知能指数とも言われるもので、アメリカのピーター・サロベイ博士とジョン・メイヤー博士によって提唱され、科学ジャーナリストのピーター・ゴールマンによって広められたものである。

　「この人ならば信頼できる」「一緒に仕事がしたい」と思わせる人間的な魅力のことを指し、「IQ の高い上司の命令だけでは人は動かず、ビジネスで成功する人は対人関係にも優れている」という事実を理論化したわけだが、昭和時代に日本で青少年時代を過ごした世代なら、「徳」「人徳」のことを想起するかもしれない。

　人の話をよく聴き、その気持ちを読み取って共感し、感情の調整を含め自らの行動に移していく…、社会で起きるほとんど全てのストレスの原因は人間関係にあることを思えば、組織で働く者にとっては（一人親方で仕事をする人を除き）最も大切な要素であることは間違いない。

アンガーマネジメント（怒りのマネジメント）

日が暮れるまで憤ったままでいてはいけません。
エペソ人への手紙　5：26

　アンガーマネジメントが日本でも注目されてきた。筆者の勤める会社では全社員向けの研修を行っている。アンガー（Anger）とは怒りの感情のことであり、衝動にまかせて怒りを爆発させるのではなく、上手にコントロールして適切な問題解決に結びつけることを、「アンガーマネジメント」と言う。ポイントは、怒ること自体を否定しているのではない点にある。怒るべきときは適切に怒り、必要のないときは上手に衝動を抑制できるように習慣づけることが重要だ。

　人間は、何に対して怒るのだろうか？

　自然災害や電気製品等の物に対して怒ることもあるかもしれないが、一番多いのは他の人間に対してである。妻や夫に、子供たちに、上司や部下に、隣人に・・・

　妻・子供、上司・部下を思いのままに変えようとするからイライラする。これらは、あなたには変えられないものである。変えられるのは自分自身の方だ。妻や上司が冷たいと思うなら、まず、自分の方からやさしい言葉をかけることだ・・・。

"If you wanna make the world a better place
Take a look at yourself, and then make a change"
　　Man In The Mirror by Michael Jackson
世界を変えたかったら、まずは鏡の中に映っている自分から変えることだ
（マン・イン・ザ・ミラー　マイケル・ジャクソン）

第 3 章　新会社人間主義―まとめに代えて

ジョハリの窓（Johari window）
【図表 34】

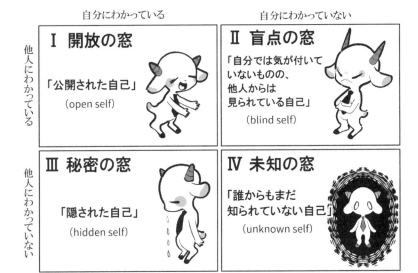

　他人との円滑なコミュニケーションを進めるモデルとして、「ジョハリの窓」というものがある。

　ジョハリの窓には、以下の 4 つの区分がある。
1．「公開された自己」（open self, open area）
2．「自分は気がついていないものの、他人からは見られている自己」（blind self, blind area）
3．「隠された自己」（hidden self, hidden area）
4．「誰からもまだ知られていない自己」（unknown self, unknown area）

このモデルの基本的考え方は、次の二つである。
1．自己開示を進めることにより、他人との信頼感を増すことができる。
2．他人からのフィードバックを受けることで、自分自身を知り、成長させる。

147

あまりに個人的な部分を公開することは避けながら、自己開示を進めることがジョハリの窓のゴールであろう。互いに分かりあっている範囲が広いほど、より生産的、協力的、効率的に働けるようになるからだ。

組織で仕事をしていると、「あの人は自分が見えていないな」と思える人に遭遇する。たとえば、周囲に一方的な要求や批判ばかりして、他人とのコミュニケーションに難がある人なのだが、自分では気づいていない。組織の効率を下げる元凶になる。

そうならないように、自戒したいものだ。

（2）新「会社人間」主義

企業倫理とビジネスマンの条件

会社は、「企業も社会の一員である」ということを常に認識し、公正で透明性の高い企業行動に徹することが重要である。これを明文化して社員に徹底している企業も多いと思うが、実際に行動するのは個々の社員であり、まず、社員一人ひとりにその自覚があるかどうかがポイントになる。

ビジネスマンに必要な条件は、「<u>正しい倫理観に裏打ちされた知力を持ち、それを行動に移せること</u>」である。現実には、倫理観の欠如した悪知恵や、考える前に汗だけを流す徒労が多いようにも見受けられる。

長期雇用が一般化している日本企業の中では、悪弊と思われるビジネス慣行があっても、これを是正しようと内部から言い出すには勇気がいる。外部に対しては説明可能な理屈がないのに、内部の論理では通ってしまうことがないのかどうか。まずは、トップ自らが因習や悪弊を看過せずに決然たる姿勢で臨むことが何よりも大切である。社外役員や社外監査役など、第三者の立場からものを言える人を増やすことは一つの処方箋にはなりうるが、トップ自身の人格と覚悟が何よりも重要であることは論を待たない。

148

第3章 新会社人間主義—まとめに代えて

他の識者の非難を受けるような下劣な行いを、決してしてはならない。
　ブッダのことば「スッタニパータ」慈しみより　中村元訳　岩波文庫

【図表35】

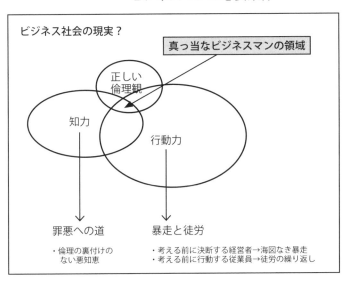

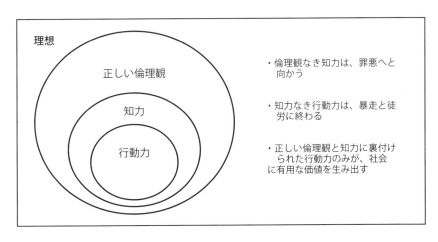

149

「新会社人間」宣言

　経営者や自営業でない者は、通常は会社で働く。そうなれば、1日のうちで起きている時間の過半は会社のために費やされるわけであるから、「会社人間」であることはやむを得ないことである。しかし、これまでのように会社べったりの依存型のままでは生きていけない時代になっているし、人生の過ごし方としてもつまらない。今まで論じてきたことのまとめとして、「新会社人間」主義を宣言する。

【図表36】

「新会社人間」宣言

「新会社人間」に必要な7箇条	
1．自立	精神面を含め、他者（会社や上司など）に頼りきってしまわないこと
2．プロフェッショナル＊	社外に出ても通用するスキルを身につけること
3．成果と報酬＊＊	報酬に見合う成果を出しているかどうかを意識すること
4．チームワーク＊＊＊	分からないことは素直に聞き、聞かれたら親切に教えてあげること
5．自戒＊＊＊＊	自分の力だけで成長したと思わないこと
6．知力＊＊＊＊＊	真に頭を使い、考えてから行動すること
7．正しい倫理観	子供達に説明できないような、倫理を曲げた仕事をしないこと

　　＊ 外に出たら、今の値段（報酬）で買ってくれると思うか？
　　＊＊ 年齢や勤続年数とともに報酬が増えて当然と思わない
　　＊＊＊ 教え合い、助け合いながら共に成長する気持ちを忘れない
　　＊＊＊＊ 多くの人達の惜しみない助力により今の自分があることを忘れない
　　＊＊＊＊＊ 汗だけ流して満足していないかを自問自答する

　かつて、イギリスの女性の友人が日本の若者を評して、spoiled であると繰り返し言っていた。spoil を辞書（研究社　新英和中辞典）で引くと、「（甘やかしたりして、人の）性格（性質）をだめにする」とある。**「新会社人間」に必要なことは、甘えを捨て、真の大人になる努力をすることであり、人生のリスクは自分が背負うという自覚を持つことである。**

150

第3章　新会社人間主義―まとめに代えて

　「新会社人間」は、差し迫った必要もないのに、遅くまで会社に残って書類を作成するふりをしなくて良い。やりたくもないのに、高い金を払って職場のゴルフコンペに出ることもない。その替わり、仕事で一生懸命に成果を出す努力をすることだ。自らの人生の目的は何か、その中で、会社生活で達成したい部分は何なのかを自問しながら行動することだ。

　人生の目的が、出世階段を昇っていく（英語でも climb the ladder と言う）ことにあるのなら、その目標に近づくよう振る舞ったら良い。嫌なゴルフや長時間労働を通じて会社に奉仕の精神を売り込むことが役に立つと思うのなら、そうしたら良い。大切なのは、自分の本当の気持ちをごまかさないことである。出世したいと気持ちを「愛社精神」などという耳当たりの良い表現にすりかえてはいけない。自分の気持ちはごまかせても、周りにはすぐばれてしまう。

（3） 理想の会社と理想の社員

理想の会社はあるか？

　従業員にとって理想の会社は、この世には存在しない。

　働く人の希望や要求は変わり続けるからである。

　理想の会社に近づくための必要条件なら書き出すことができる。

　それは、「<u>人間尊重の精神を基本とし、会社とともに従業員が成長できる環境を整え続けようとする会社</u>」である。

　理想の会社に近づくには、最低限、以下の項目を満たす必要があると考える。

（1）事業が持続的に成長し、適正利潤が確保できていること
（2）仕事に見合った適正報酬を支払うこと
（3）ワーク・ライフ・バランスがとれること
（4）オープンネス（Openness）があること
（5）多様性（Diversity）が尊重されていること
（6）休職・復職プログラムが機能していること
（7）これらの帰結として、ネットプロモータースコア（Net
　　　Promoter Score）が高いこと

　1．事業が持続的に成長し、適正利潤が確保できていること

　どんなに働きやすい会社だとしても、経営が安定せず給料が遅配になったり、事業をたたむようでは元も子もない。理想の会社の大前提として、まずは、きちんとした戦略に基づき事業が成長し、従業員に適正な報酬を払い、かつ、新製品開発や事業買収といった成長のための再投資ができるだけの利益を確保できていることが必要となる。

　2．仕事に見合った適正報酬を支払うこと

　どんなに仕事が楽しいとしても、人として尊厳ある生活が送れないような報酬しかもらえないとしたら幸せとはいえないであろう。日本のア

第3章　新会社人間主義―まとめに代えて

ニメ映画が国際的な評価を得ているのに、それを支えるアニメーターの報酬が驚くほど低いという話を聞くたびにこのことを思いだす。

３．ワーク・ライフ・バランスがとれること

　1日8時間勤務で、昼休みを1時間、通勤に片道1時間がかかるとして合計で11時間は会社生活に費やされることになる。1時間残業すれば、1日の半分は拘束されることになり、個人の生活はこれだけでもかなり圧迫される。睡眠に7時間を要するとしたら、入浴・食事・余暇等に充てる時間は5時間しかない。

　1日2時間残業すると自由時間は4時間しか残らず、月の所定労働日数を20日とすれば時間外労働は40時間になる。労働基準法で制限している月45時間という数字は人間らしい生活を送る基準として意味のあるもので、これ以上の時間外労働を持続的に行っていると、疲労が蓄積し、家族との団らんの時間は奪われ、ワーク・ライフ・バランスは崩れていく。80時間を超えるような事態が続けば、過労死に至ることがあるのは、電通事件を見るまでもなく明らかである。

　その点では、安倍政権が本気で「働き方改革」を進めようとしていることは意味のあることである。日本人は「お上」の言うことに従順なので、官製で改革を進めるのは一法だと思う。法律で時間外労働の上限を厳格化し、EUに倣って「勤務間インターバル」を規制し、「皆さんそうしています」とするのが日本の場合は効果的である。企業の自主性だけに任せておくと、「生き残りのための競争」を言い訳に改革が進まないということになりがちである。

（注）勤務間インターバル制度は、勤務の終業時間と翌日開始の間を、一定時間空けることにより、休息時間を確保するものである。EU諸国では既に導入されている制度で、1993年に制定されたEU労働時間指令では、24時間につき最低連続11時間の休息が定められている。例えば、9:00〜17:00の就業企業で、仮に23:00まで残業した場合、その11時間後の翌日10:00までは、9:00の始業時間を過ぎたとしても、労働させてはならないことになる。これにより労働者は休息時間を確保することができ、過重労働による健康被害から労働者を守ることになる。

４．オープンネス（Openness）があること

　仕事に関することでは、言いたいことを言える職場環境であることが、健全な会社生活を送る上で必須である。従業員の自由な意見や不満を吸い上げることのできない会社は、成長の芽を自ら摘み取っていることになる。

５．多様性（Diversity）が尊重されていること

　年齢、性別、国籍等の外形にとらわれずに人材を登用すること。

－50代、60代の人達も元気に働いているか？
　それとも上級管理職を除いて50代以上の人はいなくなっているか？

－女性の管理職はいるのか？
　その登用比率はどれくらいか？
　短時間勤務、在宅勤務、休職等、出産や育児に配慮した制度は整っているか？

－外国人社員はどれくらいいるのか？
　単なる通訳・翻訳担当ではなく、きちんとした実務担当や管理職として活躍しているか？

－障碍者の雇用を行い、法定雇用率を満たしているか？
　彼らが、そのスキルや経験を活かせる職場で活き活きと働いているか？

　性別、年齢、人種、等々…、自ら変えることのできない形や属性にとらわれずに、人材を登用する会社こそがこれからも伸びる会社である。

６．休職・復職プログラムが機能していること

　2016年度より、企業による従業員向けの「ストレスチェック」制度が義務化され、従業員の心身の健康度を質問紙により会社が定点観測し、その結果必要とされる場合には、産業医との面談を実施することとされた。

第3章　新会社人間主義—まとめに代えて

　筆者が勤める会社では、ストレスチェック制度が導入される前から、外部の専門機関と連携し「ブレインヘルス・サポートシステム」を立ち上げ、一定の効果を上げてきた。概要を以下の図に示す。

【図表37】

```
ブレインヘルス・サポートシステム

1. ブレインヘルスセミナー：
     全社員を対象に年1回実施
     例：アンガーマネジメント、レジリエンス、マインドフルネス
2. ストレスチェック＆産業医面談
3. 個別カウンセリング：
     会社が委託している産業カウンセラーと、本人希望により随時
     個別カウンセリングを実施
```

より良い"健康経営"を目指して

健康経営：米国の経営心理学者のロバート・ローゼンが提唱した概念で、従業員の健康の維持・増進が企業の生産性や収益性の向上につながるという考え方に立って、経営的な視点から、従業員の健康管理を戦略的に実践すること。

骨子は、

a. メンタル不調の未然防止のため、メンタルヘルスやブレインヘルスに関するセミナー＆ワークショップを年1回全社員に実施する。脳の健康管理、アンガーマネジメント、マインドフルネス等をテーマに産業カウンセラーや臨床心理士に語ってもらう。

b. ストレスチェックで高ストレスと判定された者には、産業医の他、必要に応じ産業カウンセラーによる個別のカウンセリングを斡旋する。

c. 常時、産業カウンセラーとのホットラインを用意し、仕事やプライベートで悩みを抱える者にカウンセラーとの個別面談の機会を保障

（費用は会社負担）。上司の強引な管理手法がストレスの元凶になっている場合、外部の第三者に話すだけでストレスが軽くなり問題解決に至ることがあり、セーフティーネットとしての意義は大きい。

（注）ブレインヘルスとは、脳を最高に働かせて従業員の仕事の成功率を高める脳の健康科学のことをいう（株式会社 MS ブレインのホームページより）。

7．これらの帰結として、ネットプロモータースコア (Net Promotor Score) が高いこと

ネットプロモータースコアとは、知人や友人に、この会社を「働く場所」として推薦する気持ちになるかどうかということである。「○○社を知人や友人に薦める可能性はどのくらいありますか？」という問いに対し、Yes と回答した人の比率から No と回答した人の比率を引いたスコア（＝Net Promotor Score）が高ければ高いほど良いことになる。

（注）ネットプロモータースコアは、フレッド・ライクヘルドが提唱した顧客のロイヤルティを測るための、指標の一つ。
「あなたは○○の製品（サービス）を友人に薦めますか？」と聞いて 0 から 10 の間で答えてもらい、その数値によって三つのグループに分けるというもの。
　　10 〜 9：推奨する立場（プロモーター）
　　8 〜 7：推奨も批判もしない受動的な立場
　　6 〜 0：批判的な立場
上記の調査を複数の顧客に対して行い、批判的な立場の人の比率を、推奨する立場の人の比率から引くことで得られる数値が NPS（ネットプロモータースコア）で、-100 〜 100 の間で表される。

理想の社員はいるか？

理想の社員などというものは存在しない。

会社によって、社員に求める要件が異なるからである。

社員の側から見た場合、**会社や職場が変わっても「生き抜いて行ける社員」の必要条件を書き出すことはできる**かもしれない。

第3章　新会社人間主義—まとめに代えて

　理想の社員に近づくには、最低限、以下の項目を満たす必要があると思う。

　（1）専門分野・得意分野を持っていること
　（2）英語でビジネスができること
　（3）エモーショナル・インテリジェンス（EQ）が高いこと

　専門分野や得意分野を持つことは、いわゆる「エンプロイヤビリティ—（Employability, 雇用されうる能力）」を確保する意味で重要であり、長期視点に立って従業員を育成しようとする日本企業での修行は、専門性を高める上でも有効だと思う。

　英語でビジネスができればどこでもやっていけるのは、いまさら説明するまでもないことであろう。

　エモーショナル・インテリジェンス（EQ、こころの知能指数）は、「この人ならば信頼できる」、「一緒に仕事がしたい」と思わせる人間的な魅力のことを指す。円滑な人間関係を構築するための基盤となり、どんな会社や職場であれ、生き抜くために必須の要素である。

157

終わりに

経営者とサラリーマン

　サラリーマン生活の終着地点に近づき、今までを振り返る時、脳裏に浮かぶのは、40代前半の頃の父の姿である。筆者が高校に入学した年に、零細企業を辞めて独立した。直後に第一次オイルショックに直面し注文がなくなった。一時的にサラリーマンをやった後、未経験の商売へ方向転換し、誠意と知恵をもって顧客の信頼を得て、70代まで現役を続けた。

　自身がサラリーマンになり、父と一緒に酒を酌み交わすようになってから、少しずつその偉さが分かってきた。一人で考え、工夫し、スキルと経験がない世界に足を踏み入れ、やり抜こうとする意志の力だけでなく、多くの人々のサポートがあったからこそ生き延びることができたのであるが、貴重な人脈は、他人に誠意を持って尽くす正直さの積み重ねでつくられたのだと思う。

　思うに、規模の大小を問わず経営者とは、「全てのリスクを一人で負う者」のことであり、それとの対比で見た場合、サラリーマンほど気楽な稼業はないと言わざるを得ない。サラリーマン上がりの雇われ経営者にしても同じことである。

無制限の自由競争

　資本主義社会は自由競争を最大の価値として、競争原理の中で発展してきた。しかし、これも無制限ではなく、各国ともに国家的規制を残しながら、自国の利益確保と社会のひずみを回避することに腐心している。

　賃金をもらって生活する労働者にも、無制限の自由競争を適用すべきだろうか。

　完全な成果主義へ移行し、能力や成果の上がらない者には一銭も与えな

いかわりに、儲けた者には何十億という報酬を与える・・・。米国では、かなり前からこのような現象が起きている。2018年5月22日に米労働総同盟産別会議（AFL-CIO）が公表した「Excutive Paywatch（エグゼクティブ・ペイウオッチ）」によれば、S&P500種株価指数を構成する企業のCEOの報酬（中央値）は、1394万ドル（約15億3900万円）に上り、一方、生産部門の一般従業員の年収は3万8613ドル（約425万円）であった。CEOと一般従業員の賃金格差は1950年代には20倍程度だったが、昨年はおよそ361倍に広がっていることが明らかになった。

　世界中の発展途上にある国々の多くもそうである。筆者は、日本でこのような事態が起こらないことを祈っている。誰にも、一定レベルの収入が保証されることが、社会の安定に大きく貢献していることを信じたい。日本の犯罪発生率が他の先進諸国に比べて極端に低いのは、国民性ということもあろうが、富の分配が比較的平準化されてきたことに起因しているのではないだろうか（最近は正規労働者の比率が下がり、賃金格差が拡大傾向にあることが気がかりではあるが）。

　一般に外資系に勤める社員は賃金に敏感だと思われているが、先日、勤め先の同僚幹部から、「自分の部門にいる人間は高い給与をもらうために働くというより、仕事の社会的価値や使命感のために働く意識が強いと思う。○○を売ったらすぐに△△のインセンティブ・ボーナスをもらって当然という短期的な成果主義だけを期待する人は別の会社に行った方が良い。」という話を聞き、新鮮な驚きを感じた。人間である以上霞を食って生きていくことはできないから一定水準の報酬が必要なことはもちろんである。当社は外資系だから当然インセンティブ・ボーナスも用意しているが、「馬の前のニンジン」のような施策だけで人が動くわけではないことも確かなようである。

　自分の才能を評価してくれない、能力が正当に賃金に反映されていないと感じる人は、その才能とアイディアを活かして、会社を作ったら良い。自分の会社であれば、あなたの給与を決めるのはあなた自身だ。そこには、夢のような成果主義が待っている。

配偶者にとっての良い会社

　それは言うまでもなく、世帯主の給与を安定的に払ってくれる会社である。経営はスピードであるからして、ぼやぼやしていたらすぐに市場から見放されてしまう。簡単に赤字になってしまう。これと同じ感覚で従業員の処遇や給与制度もドラスティックにいじりたいというのは、経営者の本能的な欲望であろう。しかし、労働者は労働の対価として報酬をもらって生活している。扶養家族を持っている場合も多い。従って、だれが何と言おうが、家族から見た場合には、一定レベルの報酬を安定的に払ってくれる会社が一番感謝される会社であり、結局のところ、従業員の長期にわたるモラールを維持することにも効果を発揮するのである。

　外資系に勤めていると、転職により報酬が倍・半分になった話をよく聞く。家計は大変だろう…地方税は前年度の年収で決まるから、年収が大幅に下がったときは切り詰めた生活を強いられるだろう…などと想像する。

　会社の同僚から、「年収があまりに高くなると、かえって恐ろしい。そのまま続くことはないと、過去の経験から学んでいる」と聞かされたことがある。そうだろうなと思った。その同僚は、残念ながら、パフォーマンスと家庭の事情により、ほどなくして会社を去った。

娘のひとこと

　昔のことである。
　日曜日の昼下がり、5歳の娘が突然、こう言った。

「○○（娘の名前）、大人になりたくない」
「どうして？」
「大人になると会社に行かなければならないから」
「どうして、会社に行きたくないの？」
「だって、会社ってつまらないところだから」
「どうして、つまらないって分かるの？」

「だって、おもちゃがないんだもん！」

　最後の答えは、子供なりの表現であるが、要するに、筆者の普段の様子などから会社は決して面白いところではないと、直観しているのだと分かり、ショックを受けた。

　職業を持つ大人にとって、人生の中で気力・体力ともに充実している時期の大半を過ごす会社勤めが、面白くないとすれば、これほど不幸なことはない。また、そんな風にしか、自分の姿を子供に見せてやれなかったのは、親として情けない。子供にとって、人生とは「お受験勉強で疲弊しきった後の、つまらない会社生活」であると結論付けられてしまったら、夢も希望もなくなってしまう。

　長女は20代になったが、当初の預言通り会社には行かず、自由業の道を目指している。親子初の出版物でイラストを担当するなどしてアーティストとしての歩みを始めている。筆者も、遅まきながら、働くことで輝いている姿を子供達に見せてやり、彼らの記憶に残る父親になりたいと願っている。

　現代の会社生活を少しでも、わけの分かったものに解釈すること、そして、今後もっと楽しくいきいきと仕事ができるようにするには、何を変えていけば良いのかについて小著で述べてきた。

　良く考えて正しいことを実践すれば、日本のサラリーマンにはまだまだ未来があるというのが、
　筆者の結論である。

　そなたは、根源から正しく注意しないために、思索に酔っているのです。
　根源によるのではない、正しからざる思索を捨てよ。
　　　　　　ブッダ「神々との対話」
　　　　　　サンユッタ・ニカーヤ（根本からでていないこと）より、
　　　　　　　　　　　　　　　岩波文庫、中村元訳

付　録

【付録】日本的雇用慣行

ａ．日本的雇用慣行の特徴

　日本の伝統的な大企業を中心にまだ残っていると思われる、日本的雇用慣行の特徴として挙げられるのは、

　　ａ．終身雇用（長期雇用）
　　ｂ．年功序列賃金
　　ｃ．企業別組合

の三つである。これらは、元々は近代的大企業において技能・職務の標準化・細分化・専門化が進展することに伴い、基幹労働者が不足する状況の中で、企業のために「子飼い」の熟練工を育成・定着させるために成立したものであった。戦後は、高度経済成長と豊富な若年労働力の供給に適合して広がりを見せ、日本経済が欧米先進国へのキャッチアップをしていく発展過程においては、同質的な人材を再生産する上で大きな効果を発揮したと言われている。

　日本的労務管理の特徴と言われる年功制は、研究によれば、昭和初期の頃から始まった歴史的現象である。明治期日本の産業化と経済発展の過程を通じて、労働力需給に関して言えば熟練労働力は常に不足しがちであり、熟練工たちは有利な賃金・労働条件を求めてかなり頻繁に労働移動をおこなっていた。ところが、第一次大戦期から昭和初期にかけて、日本の独占的大企業は、世界の最新技術を導入した設備投資をすることによって、急速に従来の高熟練労働者への依存から解放され、新技術・設備の体系に従来とは異質の新規労働力群を配置することで生産工程を順調に運営することが可能となってきた。
　　参考：社会政策（2）栗田健・下山房雄・菊池光造　著　有斐閣新書

ｂ．年功賃金制の仕組み

　年功賃金制度は、長期にわたって従業員を激しい企業内部の競争に駆り

163

立てる上で、大きな効果を上げてきた。大企業のモデル年収で見れば、大卒初年度の年収300万円が50歳代半ばのピーク時には1000万円を超えることとなり、新入社員の4倍近くにもなる。長く勤めればこのように報酬が増えるという仕組みであれば（一攫千金を狙うような人間でなければ）、労働意欲は大いに刺激されるはずである。この制度の骨格は以下の通りである。

●新規学卒者を中心とする内部登用により、職務やポストの割付を行う。経営幹部も同様である。内部競争での覇者が社長になる（オーナー企業は別として）。

●年次管理：毎年一定レベルの採用が確保されているという前提で1年ごとに順送りの処遇、人事を行うこと。大企業では従業員全てを納得させる評価基準を、学歴や卒年に一切関係ない形で従業員に提示するのは現実には難しいので、交通整理の手段・基準としての年次管理が必要となる。この仕組みのもとでは、若い年次のトップ評価の者が1年上のトップの者を追い越すことは、原則としてない。少なくとも課長や部長の任用まではほとんどない。役員就任の頃になると、かなりこの原則は薄れてくるが、それでもまだ残っている会社が多いと思われる。逆に、トップ以外ではこの入れ替えはかなり激しく行われている。

【図表38】

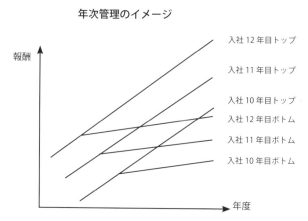

年次管理のイメージ

●賃金・賞与は毎年の評価によって徐々に差がついていく（微差管理）

同期入社の者でも、入社して20年くらい経つとかなりの差になってくる。逆に言えば、入社して数年間はあまり差がない。入社後数年間はモラトリアムとして、査定自体をしない会社もある。しかも、個々の評価結果については、本人にフィードバックすることはあまりない。長い間、勝者と敗者をあいまいにしたまま競争させるマラソンレースのようなものだ（評価は、数年に一度訪れる資格や職位の昇進公表を通じて確認することになる）。

●定年制

日本では60歳から65歳の間は、厚生年金の満額支給開始年齢の繰り上げにより公的年金の満額受給ができないことになった。年齢に応じ多少の年金は出るが、労働で収入の穴埋めをしないと生活できないレベルである。会社の定年は企業により60歳から65歳まで幅がある。

日本の定年制には、二つの側面がある。一つは、特別な事由が発生しなければ、そこまでは雇用が保障されるということ。これは労働者にとっては、福音である。もう一つは、理由の如何を問わず、60歳になったら辞めてもらう。右肩上がりの賃金体系を永遠に続けるわけにいかないから60歳という定年をゴールとして、報酬とパフォーマンスの総量が均衡するように処遇体系を構築しているのである。日本の年功賃金制は、定年制とセットで初めて経済合理性を持つことになる。

●内部労働市場性

年功処遇制度は、内部労働市場を前提に設計されており、内部の従業員同士の納得性を高めることが第一に考慮されている。

ある会社で毎年100人の大学卒新入社員を採用するとする。この場合、毎年の100人のレベルは集団としてはほぼ同じレベルだと仮定する。同期の中での選別を行っていけば、将来、会社の幹部になりうる人材を安定的に確保できることになる。これをもっとも極端な形で守っているのは、財務省・経済産業省等の高級官僚の人事であるう。同期の中で局長や次官が出ると、なれなかった者は「勇退」という形で去っていく。次官の年次が急に若返るのは稀なようである。しかし、高級官僚の場合、就職先とし

ていまだに人気はあるし、毎年ほぼ同じレベルの優秀な人材を確保しているとも言えるので、この順送り方式にはそれなりの合理性がある。民間でも歴史と伝統のある大企業ほど強くこの傾向を残していると思われるが、実際には、激しい採用競争の結果入社してくる新入社員のレベルが毎年同じということはありえない。不作の年も豊作の年もある。それが市場原理であり、採用戦線は市場原理で動いている世界である。

c．年功制の課題Ⅰ…市場競争原理から離れている

年功制は、内部の秩序を優先するシステムである。年次管理は、内部の人間を納得させるための交通整理の手段であり、先進他社に追いつくという分かりやすく達成しやすい目的のために、従業員一丸となって力を結集していく局面においては、十分に機能したシステムである。

だが、会社自体は常に市場の競争にさらされているというのに、人材の登用だけは内部秩序優先というのもおかしな話である。これが長年にわたって維持されてきた理由は、つまるところ、誰が社長や経営幹部になろうとも右肩上がりの経済成長の時代には、結果において大した違いはなかったであろうということである。

会社の業績が沈滞し存亡の危機に直面すると、内部秩序をひっくり返してでも外部と渡り合っていける若くて力のある人材をトップに登用する。「○○人抜き」という若手社長の登場である。しかし、本人を除くほとんどの役員・社員の頭の中は、年功制の軛から逃れ切れていないから、この集団を引っ張っていくのは新米社長には荷が重い。先輩役員に社長の方が気を遣って苦労する。会社の業績がそれなりの状態に戻ってくると、また従来の順送り人事が復活する場合が多いのは、この辺の事情によるものであろう。

d．年功制の課題Ⅱ…中高年齢者の非効率

日本の年齢別人口構成がピラミッド型だった高度成長期では、中高年齢者は功なり名を遂げた長老として衆目の尊敬と「名誉ある地位」を占めた。実際に頑張ったことに加え、高年齢者の人数が少なかったからである。マ

付　録

イナス成長時代を迎え、釣り鐘型の年齢構成になってくると、当たり前の
ようにどこの職場にもいる高齢者は、非効率の代名詞になることはあって
も、尊敬を集めるまでにはいたらないことが多いのではなかろうか。黙っ
ていても年数を経れば給与が上がっていく仕組みは、結果として中高年者
を惰性で働く非効率の集団にしてしまったようである。

e．年功制の課題Ⅲ…「予測可能性」と能力の出し惜しみ

　将来の処遇の多くの部分を予測可能な制度・運用にしておくと、個人の
能力発揮を小出しにするというマイナス効果が出てくる。ものすごく頑
張って成果を出しても、適当に流していても、すぐには報酬に大きな差が
つかないとすれば、力を出し惜しみするのが自然である。手を抜き過ぎる
と評価が下がり、定年までのマラソンレースで後れをとってしまうので、
それなりには頑張るという図式である。

f．年功制と時代

　課題はあるが、年功制が普遍的に駄目なのではなく、1990 年代後半か
ら続いている経済成長の低迷期において、不具合箇所が目立つということ
である。年功制は長い時を経て存続してきた。多くの人に支持されない制
度が何十年も続くわけがない。高度成長期は、賃上げ率が高く働けば豊か
になることが皆で実感できたから、順送りの年功制で皆が協力し合い、組
織全体のパワーを全開させることができた。だが、経済面での至福の時代
から停滞の時代に入り、小さくなったパイを個人の力で奪い合うことに
なった。

　年功制は、結果における平等な配分を「順送り」という理屈で合法化し
てきた制度である。若い者も順番を待っていればやがて先輩がもらってい
るのと同じものにありつけるという期待のもとに、じっと時を我慢した。
おとなしく待っていたら、突然、「成果主義」という天の声が降りてきて、
将来の（ある程度）約束されていた分け前をご破算にされてしまった。「欲
しかったら、自分で頑張りなさい。」と天の声は続ける。誰にも正面切っ
て反論しにくい理屈である。

167

年功制にも良い点はある。若者が「順送り」を甘受する替わりに、経験豊かな上司・先輩から惜しみない教育・指導を受けることができたのはその一つである。成果主義の世界では、成果は極力個人に帰属させるから、上司・先輩から仕事のやり方やノウハウを湯水のようにただで教えてもらえると期待するのは虫が良すぎる。大学は職業教育を完璧に教えきる機関ではないから、新人は、先輩の仕事ぶりを見て盗んで成長していく他はないが、これだけでは健全な世界とは言いにくい。「教えあい、助けあいながら共に成長していく」、年功制にあって、行き過ぎた成果主義に欠けている重要なポイントがここにある。

【図表39】

付　録

謝辞：
　この本が世に出るまで支えてくれた関係者の方々にお礼を申し上げたい。

　企画書にいち早く目をとめ、出版に至るまで種々アドバイスをくださった労働新聞社の伊藤正和様。日本の会社と外資系の人事に関する知見を与えてくれた日立グループ及びゲティンゲグループの関係者の方々。堅い本の内容を和ませるゆるキャラを描いてくれた、漫画家の葉ヶ竹 霧さん。道楽の物書きの仕事を見守ってくれた伸子。人生の指針を与え続けてくれる聖書他の書物。好きな音楽家達の楽曲から受けたインスピレーション…。

　これらがなければこの本が日の目を見ることはなかっただろう。

参 考 文 献

熊沢　誠　「能力主義と企業社会」　岩波新書　1997 年

島田晴雄・清家　篤　「仕事と暮らしの経済学」　岩波書店　1992 年

笹島芳雄　「賃金決定の手引き」　日経文庫　1997 年

栗田　健・下山房雄・菊池光造　「社会政策（２）」
　　　　　　　　　　　　　　　　　　　　　有斐閣新書　1981 年

茅野広行　「人事考課がわかる本」
　　　　　　　　　　日本能率協会マネジメントセンター　1998 年

浅川栄一、町田秀樹、茅野広行
　　「年俸制で会社が変わる―ハイブリッド年俸制のすすめ」　1993 年

本明　寛　「心の研究　現代心理学入門」　教養文庫　1992 年

小池和男　「日本企業の人材形成」　中公新書　1997 年

岡崎淳一　「アメリカの労働」　日本労働研究機構　１９96 年

花見　忠　編　「アメリカ日系企業と雇用平等」
　　　　　　　　　　　　　　　　日本労働研究機構　1995 年

Mike Mentzer "Effort" マッスル＆フィットネス日本版　1996 年 5 月号

Teri Warner　「ポジティブ・シンキングを頭にプログラムする」
　　　　　　　　マッスル＆フィットネス日本版　1998 年 5 月号

石田英夫他　「MBA 人材マネジメント」　中央経済社　2002 年

石田英夫　「国際経営とホワイトカラー」　中央経済社　1999 年

アンジェラ・ダックワース　神崎朗子　訳
　　　　　　　　「やり抜く力　GRIT」　ダイヤモンド社　2016 年

新渡戸稲造　岬龍一郎　訳　「武士道」　PHP 文庫　2005 年

岩見一郎、古賀史健　「嫌われる勇気　自己啓発の源流「アドラー」の教え」
　　　　　　　　　　　　　　　　　　ダイヤモンド社　2013 年

スティーブン・R・コヴィー　「完訳　７つの習慣　特装版
　　　　　　　　人格主義の回復」　キングベアー出版　2016 年

ウォレン・ベニス「リーダーになる」　伊東奈美子訳　海と月社　2008 年

マーサー・ヒューマン・リソース・コンサルティング(株)　編
　　　　　　　「人事デューデリジェンスの実務」　中央経済社　2006 年

小杉俊哉　「リーダーシップ３.０－カリスマから支援者へ」
　　　　　　　　　　　　　　　　　　　祥伝社新書　2013 年

170

参考文献

野田智義、金井壽宏 「リーダーシップの旅―見えないものを見る」
光文社新書 2007 年

藤原正彦 「若き数学者のアメリカ」 新潮文庫 1981 年

佐々淳行 「有事における指揮官適格性を問う」 プレジデント
1995 年 5 月号

経団連事務局編 「2018 年版春季労使交渉・労使協議の手引き」
経団連出版 2018 年

経団連事務局編 「日本の労働経済事情 人事・労務担当者が
知っておきたい基礎知識 2017 年版」 経団連出版 2017 年

マルクス・アウレーリウス 神谷美恵子 訳 「自省録」
岩波文庫 1956 年

エピクテートス 鹿野治助 訳 「人生談義」 岩波文庫 1958 年

ヘンリー・ミラー 大久保康雄 訳 「南回帰線」 新潮文庫 1969 年

「2017 外資系企業総覧」 週刊東洋経済臨時増刊
東洋経済新報社 2017 年

Dianna Booher "E-Writing 21st-Century Tools for Effective
Communication" Pocket Books Reference 2001

Stephen H. Rhinesmith " A Manager's Guide to Globalization" 2nd ed. Mc
Grow Hill 1996

Michael Watkins "The First 90 Days" Harvard Business School Press 2003

Leader to Leader Institute "BE・KNOW・DO Leadership The Army Way"
Jossey-Bass 2004

中村 元 訳 「ブッダのことば スッタニパータ」 岩波文庫 1984 年

中村 元 訳 「ブッダの最後の旅 大パリニッパーナ経」
岩波文庫 1980 年

スティーブ・ジョブズ (Steve Jobs) のスタンフォード大学でのスピーチ

鈴木孝嗣 「グローバル展開企業の人材マネジメント
―これだけはそろえておきたい英文テンプレート」経団連出版 2017 年

「聖書」

●著者プロフィール●

鈴木 孝嗣

1981年　東京大学法学部卒
都市銀行勤務を経て、日立電線と日立製作所で人事労務を主体に総務、経営企画にも従事。米系合弁会社との人事交渉プロジェクト、グローバル人材マネジメント、賃金制度設計、労使交渉等に長く携わる。
2013年に、ドイツ系医療機器会社の日本法人であるマッケ・ジャパンに転じ、現在、ゲティンゲグループ・ジャパン(株)取締役人事総務法務本部長。特定社会保険労務士。
2017年7月に『グローバル展開企業の人材マネジメント―これだけはそろえておきたい英文テンプレート』を上梓。

外資系企業で働く

2018年11月27日　初版
2021年 4月14日　初版2刷

著　　　者	鈴木 孝嗣
発 行 所	株式会社労働新聞社
	〒173-0022　東京都板橋区仲町29-9
	TEL：03-5926-6888（出版）　03-3956-3151（代表）
	FAX：03-5926-3180（出版）　03-3956-1611（代表）
	https://www.rodo.co.jp　　pub@rodo.co.jp
イラスト	葉ヶ竹 霧
表　　　紙	尾﨑 篤史
印　　　刷	株式会社ビーワイエス

ISBN 978-4-89761-727-5

落丁・乱丁はお取替えいたします。
本書の一部あるいは全部について著者から文書による承諾を得ずに無断で転載・複写・複製することは、著作権法上での例外を除き禁じられています。